250 Keywords Personalmanagement

Springer Fachmedien Wiesbaden GmbH
(Hrsg.)

250 Keywords Personalmanagement

Grundwissen für Manager

2., aktualisierte Auflage

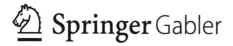

Hrsg.
Springer Fachmedien Wiesbaden GmbH
Wiesbaden, Deutschland

ISBN 978-3-658-23655-7   ISBN 978-3-658-23656-4   (eBook)
https://doi.org/10.1007/978-3-658-23656-4

Die Deutsche Nationalbibliothek verzeichnet diese Publikation in der Deutschen National-
bibliografie; detaillierte bibliografische Daten sind im Internet über http://dnb.d-nb.de abrufbar.

Springer Gabler
Springer Gabler ist ein Imprint der eingetragenen Gesellschaft Springer Fachmedien Wiesbaden GmbH
und ist ein Teil von Springer Nature
Die Anschrift der Gesellschaft ist: Abraham-Lincoln-Str. 46, 65189 Wiesbaden, Germany

Autorenverzeichnis

Professor Dr. Thomas Bartscher
Technische Hochschule Deggendorf, Deggendorf,
Sachgebiet: Personalwesen

Professor Dr. Günter W. Maier
Universität Bielefeld, Bielefeld,
Sachgebiet: Arbeits- und Organisationspsychologie

Regina Nissen
IPP-Institut GmbH, Norderstedt,
Sachgebiet: Personalentwicklung

Dr. Joachim Wichert
aclanz Rechtsanwälte, Frankfurt am Main,
Sachgebiet: Arbeitsrecht

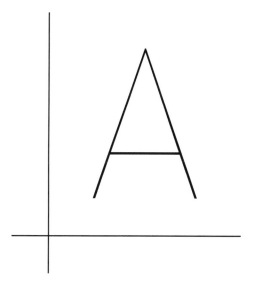

© Springer Fachmedien Wiesbaden GmbH, ein Teil von Springer Nature 2019
Springer Fachmedien Wiesbaden (Hrsg.), *250 Keywords Personalmanagement*,
https://doi.org/10.1007/978-3-658-23656-4_1

Abgangsinterview

Austritts- und Abgangsinterviews, auch als Exitgespräche bezeichnet, werden geführt, wenn ein Arbeitsverhältnis beendet wird. Die Initiative zum Gespräch sollte in der Regel von der Personalabteilung ausgehen. Ziel ist, mithilfe eines detaillierten Feedbacks, Fluktuationsgründe, Unzufriedenheitspotenziale und mögliche Schwachstellen in der Personalführung oder im Unternehmensalltag identifizieren zu können.

Absentismus

Im Gegensatz zum Krankenstand kennzeichnet Absentismus (lat. *absentia* = Abwesenheit) ein Arbeitnehmerverhalten im Zusammenhang mit Fehlzeiten, dem ein motivational bedingter Entschluss zugrunde liegt. Ursachen können im privaten und im beruflichen Umfeld liegen. Zu letzteren zählen unter anderem emotional belastende Arbeitsbeziehungen zu Kollegen, zu Vorgesetzen, aber auch als unzureichend oder ungerecht empfundene Arbeitsbedingungen. Ebenso ist ein Zusammenhang zu Suchtproblemen naheliegend.

Affirmative Action

Aus dem US-amerikanischen stammende Bezeichnung für institutionalisierte Maßnahmen, die die Diskriminierung von Frauen und Minderheiten in den Bereichen Aus- und Weiterbildung, Studium und Beruf durch gezielte Vorteilsgewährung verhindern soll. Ein entsprechender Regierungserlass besagt dementsprechend, dass bislang benachteiligte Bewerber bei gleicher Qualifikation bevorzugt eingestellt und gefördert werden müssen.

Akkordlohn

I. Allgemein

Stücklohn; Prototyp leistungsreagibler Entlohnung. Anders als beim Zeitlohn erfolgt die Vergütung nach Maßgabe des Mengenergebnisses pro Zeiteinheit. Kommt als Einzelakkord und als Gruppenakkord zur Anwendung. Grundlagen dieser Entlohnungsform sind die Normalleistung und der Akkordrichtsatz. Erstere wird im Rahmen von Arbeits- und Bewegungsstudien ermittelt und soll von einem eingearbeiteten Arbeiter auf Dauer (sowie im Mittel der Schichtzeit) erbracht werden können. Letzterer ist der (in der Regel tarifvertraglich festgelegte) Stundenlohn bei Normalleistung.

Erscheinungsformen sind

- Geldakkord (Lohn = Menge · Geldeinheit/Stück) und
- Zeitakkord (Lohn = Menge · Stückzeit · Geld- bzw. Minutenfaktor).

Anwendungsvoraussetzungen sind vor allem, dass

a) die Mengenleistung persönlich beeinflussbar ist, es sich

b) um regelmäßig in gleicher Weise wiederkehrende Tätigkeiten handelt und

c) die Qualität der Arbeitsergebnisse von untergeordneter Bedeutung ist.

Tätigkeiten mit diesen Merkmalen gelten als akkordfähig. Hinzu kommt, dass sie auch akkordreif, d. h. frei von die Arbeitsausführung behindernden organisatorischen Mängeln sein müssen. Vor allem Automatisierungstendenzen in der Wirtschaft haben die Bedeutung des klassischen Akkordlohns kontinuierlich gemindert.

II. Arbeitsrecht

Sofern keine tarifliche Regelung besteht, unterliegt die Festsetzung der Akkordsätze einschließlich der Geldfaktoren dem erzwingbaren Mitbestimmungsrecht des Betriebsrats in sozialen Angelegenheiten (§ 87 I Nr. 11 BetrVG). Ansatzpunkt für dieses Mitbestimmungsrecht ist der Zeitfaktor. Die Ermittlung der Vorgabezeit soll dem Mitbestimmungsrecht des Betriebsrats unterliegen, um zu gewährleisten, dass der Arbeitnehmer bei einer das normale Maß übersteigenden Leistung auch ein über dem Normallohn liegendes Arbeitsentgelt erhält. Wo eine tarifliche Festlegung des Akkordrichtsatzes fehlt, bedeutet die Erstreckung des Mitbestimmungsrechts auf den Geldfaktor nach der Rechtsprechung des BAG, dass in einem Leistungslohnsystem auch die Bestimmung der Lohnhöhe für die Bezugs- oder Ausgangsleistung und damit der Preis für die Arbeit im Leistungslohn überhaupt mitbestimmungspflichtig ist.

Angelernter Arbeiter

Im Unterschied zum Facharbeiter erwirbt diese Arbeitnehmergruppe in einer kurzen Ausbildungszeit (mindestens 3 Monate bis unter 2 Jahren) eingeschränkte Spezialkenntnissen und -fertigkeiten. Der angelernte Arbeiter erwirbt keine abgeschlossene Ausbildung in einem Ausbildungsberuf, allerdings besteht die Möglichkeit, die erworbene Qualifikation auf einen Ausbildungsberuf anrechnen zu lassen. Tarifrechtlich üben angelernte Arbeiter im Gegensatz zum ungelernten Arbeiter eine anerkannte und eingruppierte Tätigkeit aus, die eine Sonderausbildung verlangt.

Angestellter

Ein Angestellter ist ein Arbeitnehmer, der sich vom Begriff des Arbeiters in gewissen Punkten unterscheidet.

I. Rechtsstellung

Arbeitsrecht: Begriffsbestimmung nach eindeutigen Kriterien nicht möglich, wird aber durch das Arbeitsrecht und Sozialversicherungsrecht, so weit möglich, festgelegt, kann sich aber je nach Anwendungsbereich unterscheiden. Im Unterschied zum Arbeiter ist der Angestellte nach herkömmlicher Anschauung ein Arbeitnehmer, der überwiegend geistige Aufgaben (kaufmännischer, höherer technischer, büromäßiger oder überwiegend leitender Tätigkeit) zu erfüllen hat; in zahlreichen Berufen und Tätigkeiten ist diese Zurechnung zweifelhaft. Maßgeblich ist die Verkehrsanschauung, die durch die Praxis des Sozialversicherungsrechts beeinflusst ist. § 133 II SGB VI a.F. führte einen nicht abschließenden Katalog von acht Arbeitnehmergruppen auf, die zu den Angestellten gehören. Danach sind Angestellte vor allem leitende(r) Angestellte(r), Betriebsbeamte, Werkmeister und andere Angestellte in einer ähnlich gehobenen oder höheren Stellung (AT-Angestellte(r)); Büroangestellte, die nicht ausschließlich mit Botengängen, Reinigung, Aufräumung und ähnlichen Arbeiten beschäftigt werden, einschließlich Werkstattschreiber; Handlungsgehilfen (§ 59 HGB) und andere Angestellte für kaufmännische Dienste; Gehilfen in Apotheken; Bühnenmitglieder und Musiker ohne Rücksicht auf den Kunstwert ihrer Leistungen; Angestellte in Berufen der Erziehung, des Unterrichts, der Fürsorge, der Kranken- und Wohlfahrtspflege. Diese Einteilung hat nur noch wenig Bedeutung.

Im modernen Arbeitsrecht herrschen *einheitliche Vorschriften* für beide Gruppen vor; dies auch deshalb, weil eine Differenzierung zwischen Arbeitern und Angestellten regelmäßig gegen den Gleichbehandlungsgrundsatz verstößt.

II. Amtliche Statistik

Gruppe bei der Gliederung der Erwerbstätigen: alle nichtbeamteten Gehaltsempfänger. Für die Zuordnung ist je nach Statistik die Stellung im Betrieb oder die Mitgliedschaft in der Rentenversicherung für Angestellte entscheidend. Leitende Angestellte gelten als Angestellte, sofern sie nicht Miteigentümer sind. Zu den Angestellten zählen auch die Auszubildenden in anerkannten kaufmännischen und technischen Ausbildungsberufen.

Anlernausbildung

Qualifizierung eines Arbeitnehmers (Anlernling) im Rahmen einer betrieblichen Ausbildung, häufig durch Unterweisung am Arbeitsplatz, ohne dass eine umfassende berufliche Ausbildung (Beruf) erforderlich ist. Erfolgt im Rahmen eines Anlernverhältnisses, das sich vom Berufsausbildungsverhältnis durch einen begrenzten Ausbildungszweck unterscheidet. Nach Inkrafttreten des Berufsbildungsgesetzes gelten auch für Anlernlinge mit Einschränkungen dessen Vorschriften (§ 26 BBiG).

Anpassungsfortbildung

Eine Form der beruflichen Weiterbildung. Aktualisierung der individuellen beruflichen Leistungspotenziale durch Erweiterung und Anpassung der Fertigkeiten und Kenntnisse an technische, wirtschaftliche und rechtliche Entwicklungen. Anpassungsfortbildung erfolgt im Rahmen betrieblicher oder überbetrieblicher Veranstaltungen. Förderung durch die Agentur für Arbeit möglich.

Anreizsystem

Summe aller bewusst gestalteten Arbeitsbedingungen, um direkt oder indirekt auf die Leistungsbereitschaft der Mitarbeiter einzuwirken bzw. gewünschte Verhaltensweisen zu verstärken. Unterscheidung zwischen Anreizobjekt (materiell, immateriell), Anreizempfänger (Individual-,

Gruppen-, organisationsweite Anreize) und Anreizquellen (extrinsisch, intrinsisch).

Übergreifend im engeren Sinne die Lohngestaltung und die daraus abgeleiteten Entlohnungsgrundsätze, im weiteren Sinne alle Maßnahmen, die verhaltensbeeinflussend wirken bzw. einwirken können. Sie betreffen neben dem Entgelt die Arbeit selbst, Karrieremöglichkeiten, Formen der Mitarbeiterbeteiligung sowie Weiterbildungsmöglichkeiten.

Funktionsvoraussetzung ist, dass die Motivationsstrukturen der Beschäftigten angesprochen werden. Als Mittel der gezielten Beeinflussung der Motivations- und Verhaltensstruktur der Mitarbeiter sind Anreizsysteme elementare Bestandteile eines jeden Führungssystems.

Die allgemein gültigen sozialen und ökonomischen Tauschangebote (Anreizsysteme) der Arbeitgeberseite sollten vom Topmanagement zusammen mit der Personalabteilung, unter Einbindung der Mitarbeitervertretung, entwickelt und festgelegt werden. Dabei empfiehlt es sich, die Bedürfnisse der unterschiedlichen Mitarbeitergruppen zu berücksichtigen. Im Führungsalltag legen dann die Führungskräfte fest, welche dieser Tauschangebote (Anreize) konkret eingesetzt werden. Beraten werden sie hierbei von der Personalabteilung. Diese zeigt unter anderem auf, welche der Tauschangebote in welcher Führungssituation adäquat sind und welche arbeitsrechtlichen und betrieblichen Regelungen berücksichtigt werden müssen. Die Personalabteilung stellt damit eine tendenziell einheitliche Verwendung von arbeitgeberseitigen Tauschangeboten sicher.

Arbeiterbewegung

1. *Begriff:* Zu Beginn der Industrialisierung im 19. Jahrhundert entstandene Organisation der Lohnarbeiter zur Durchsetzung ihrer Interessen und Forderungen.

2. *Entwicklung:* Unter radikalen Führern war Ziel der Arbeiterbewegung nicht nur die Verbesserung der sozialen Lage der Arbeiterschaft, sondern allgemein das Ende des Kapitalismus mit Mitteln des Klassenkampfes. Der Druck durch organisierte Zusammenfassung großer Arbeitermassen führte nach schrittweiser Aufhebung der Koalitionsverbote zur Bildung von Gewerkschaften, deren Aufgabe die Vertretung der wirtschaftlichen

und politischen Arbeiterinteressen war und die nach dem Ersten Weltkrieg starke Bedeutung erlangten. Weitere Organisationsformen: Arbeiterparteien, Genossenschaften, Freizeit- und Bildungsvereine. Seit 1945 manifestiert sich die deutsche Arbeiterbewegung überwiegend in den Gewerkschaften als verfassungsmäßig anerkannte Sozialpartner.

Arbeitgeberverbände

Freiwillige Zusammenschlüsse von Arbeitgebern zwecks Wahrnehmung gemeinsamer Interessen in arbeitsrechtlicher und sozialpolitischer Hinsicht.

Tarifverhandlungen stellen dabei die größte und häufigste Tätigkeit dar. Art. 9 GG garantiert das Recht, zur Wahrnehmung und Förderung der Arbeits- und Wirtschaftsbedingungen Vereinigungen zu bilden. Arbeitgeberverbände können gemäß § 2 TVG – Tarifvertragsgesetz (TVG) – wie Gewerkschaften Tarifvertragspartei sein, wenn der Arbeitgeberverband eine Vereinigung kollektiver Arbeitgeberinteressen ist.

Arbeitgeberverbände sind in der Regel privatrechtliche Vereine.

Arbeitgeberverbände sind fachlich und regional organisiert. Zwei Mitgliedsformen (klassisch tarifbindende Mitgliedschaft oder OT-Mitgliedschaft) haben sich im Laufe der Zeit herauskristallisiert.

In Deutschland ist die Bundesvereinigung der Deutschen Arbeitgeberverbände e.V. (BDA) die Dachorganisation der deutschen Wirtschaft.

Arbeitnehmerüberlassung

Personalleasing, Leiharbeit, Zeitarbeit.

1. *Begriff:* Überlassung von Arbeitnehmern durch ihren Arbeitgeber (Verleiher) zur Arbeitsleistung an Dritte (Entleiher). Die Arbeitnehmerüberlassung ist im Gegensatz zu allen anderen ein dreiseitiges Beschäftigungs- bzw. Arbeitsverhältnis zwischen Arbeitnehmer, Verleih- und Entleihfirma. Sie ist für letztere ein Instrument zur externen Flexibilisierung des Personaleinsatzes.

2. *Entwicklung:* Sie wurde erstmals im Arbeitnehmerüberlassungsgesetz (AÜG) von 1972 verankert. Der Verleiher unterliegt grundsätzlich der Erlaubnispflicht (§ 1 AÜG).

Wesentliche Änderungen erfuhr das AÜG durch das Erste Gesetz für moderne Dienstleistungen am Arbeitsmarkt vom 23.12.2002 (BGBl. I 4607) (Hartz-Gesetze). Mit Wirkung zum 1.1.2003 wurden mehrere Einschränkungen aufgehoben: das besondere Befristungsverbot (Verbot der wiederholten Befristung eines Leiharbeitsverhältnisses, ohne dass ein sachlicher Grund in der Person des Leiharbeitnehmers vorlag), das Synchronisationsverbot (Verbot der Einstellung eines Arbeitnehmers für nur eine einzelne Überlassung an einen Entleiher), das Wiedereinstellungsverbot (desselben Arbeitnehmers innerhalb von drei Monaten) und die Beschränkung der Überlassungsdauer (auf höchstens zwei Jahre). Diese Deregulierung hat zu einer deutlichen Ausweitung geführt (auf die höchste, jemals erreichte Zahl von ca. einer Mio. Arbeitsverhältnissen im Jahr 2016). Die Entwicklung der Arbeitnehmerüberlassung verläuft deutlich prozyklischer als die aller anderen Formen. Die Hälfte aller Überlassungen endet nach weniger als drei Monaten. Die Mehrheit der Leiharbeitnehmer ist unmittelbar vor Aufnahme ihrer Tätigkeit ohne Beschäftigung, sodass keine systematische Verdrängung von Stammbelegschaften zu erkennen ist. Allerdings treten auch „Klebeeffekte" im Sinne eines Übergangs in ein unbefristetes Arbeitsverhältnis bei dem Entleihunternehmen eher selten ein. Zugunsten der Leiharbeitnehmer wurde der Gleichstellungsgrundsatz im Gesetz verankert: Leiharbeitnehmer müssen grundsätzlich zu denselben Bedingungen beschäftigt werden wie die Stammarbeitnehmer des entleihenden Unternehmens.

Aufgrund der notwendigen Umsetzung der Europäischen Richtlinie über Leiharbeit (2008/104/EG) (*EU-Leiharbeitsrichtlinie*) untersagt schließlich das neu gefasste AÜG seit dem 1.12.2011 einen *dauerhaften* Leiharbeitnehmereinsatz (Erstes Gesetz zur Änderung des Arbeitnehmerüberlassungsgesetzes – Verhinderung von Missbrauch der Arbeitnehmerüberlassung vom 28.4.2011 [BGBl. I 642]). Sein Anwendungsbereich wird ferner auf die *nicht* gewerbsmäßige Arbeitnehmerüberlassung ausgedehnt, mithin werden auch konzerninterne Personaldienstleistungsgesellschaften vom AÜG erfasst.

Auf Basis des § 3a AÜG trat schließlich am 1.1.2012 ein absoluter Mindestlohn (*Lohnuntergrenze*) in Höhe von 7,89 Euro im Westen und 7,01 Euro im Osten Deutschlands in Kraft, und zwar durch Verordnung des

Bundesministeriums für Arbeit und Soziales (BMAS) nach Beteiligung des Tarifausschusses.

Mit Wirkung zum 01.4.2017 wird das Arbeitnehmerüberlassungsgesetz (AÜG) erneut reformiert, dies mit dem Ziel, tatsächlichen oder vermeintlichen Missbrauch des Einsatzes von Leiharbeit und Werkverträgen zu verhindern. Die wesentlichen Neuerungen sind:

a) Es wird eine Überlassungshöchstdauer eingeführt, die grundsätzlich 18 Monate beträgt. Die Überlassungshöchstdauer ist nicht arbeitsplatzbezogen, sondern bezogen auf einen konkreten Leiharbeitnehmer, der an denselben Entleiher überlassen wird.

b) Die Umsetzung des Grundsatzes Equal Pay wird erleichtert. Grundsätzlich müssen Leiharbeitnehmer hinsichtlich des Arbeitsentgelts spätestens nach neuen Monaten mit den Stammarbeitnehmern gleichgestellt werden.

c) Verdeckte Arbeitnehmerüberlassungen werden nicht mehr durch eine sogenannte Vorratserlaubnis gerechtfertigt, mithin missbräuchliche Werkvertragsgestaltungen verhindert sowie der Weiterverleih von Leiharbeitnehmern verboten.

d) Leiharbeitnehmer dürfen nicht als Streikbrecher eingesetzt werden.

e) Schließlich werden Leiharbeitnehmer bei den Schwellenwerten des Betriebsverfassungsgesetzes (BetrVG) und der Unternehmensmitbestimmung berücksichtigt; sie zählen also im Einsatzbetrieb bzw. -unternehmen mit.

Arbeitsanalyse

Die psychologisch orientierte Arbeitsanalyse befasst sich mit der Beschreibung einerseits von Tätigkeiten, also von Arbeitsverrichtungen und Arbeitsinhalten, die eine Person durchführt und andererseits mit dem Erfassen der Arbeitsbedingungen, unter denen die Aufgaben erbracht werden müssen. Methoden der Arbeitsanalyse sind: Auswertung von Arbeitsplatz- und Prozessbeschreibungen, Arbeitstagebücher, und standardisierte Instrumente, wie Befragung, Beobachtung, Interviews.

Wissenschaftliche Verfahren zur Arbeitsanalyse sind:

- Fragebogen zur Arbeitsanalyse (FAA);
- Verfahren zur Ermittlung von Regulationserfordernissen in der Arbeitstätigkeit (VERA),
- Analyse der Regulationshindernisse in der Arbeitstätigkeit (RHIA),
- Tätigkeitsanalyseinventar (TAI),
- subjektive Arbeitsanalyse (SAA).

Die Arbeitstätigkeit wird hierbei als eine psychisch regulierte Tätigkeit betrachtet. Die Arbeitsanalyse dient unter anderem zur Ermittlung der Arbeitsanforderungen, die wiederum die Grundlage etwa für Personalauswahl, die Entwicklung von Anreizsystemen und Personalentwicklungsmaßnahmen darstellen.

In der Betriebswirtschaft wird unter der Arbeitsanalyse die Fortführung der Aufgabenanalyse unter besonderer Betonung der für die Aufgabenerfüllung erforderlichen Arbeitsschritte verstanden. Etwa hat sich Erich Kosiol bereits 1962 ausführlich zur Arbeitsanalyse (mit anschließender Arbeitssynthese) geäußert.

Arbeitsgemeinschaft Selbständiger Unternehmer e.V. (ASU)

Zusammenschluss selbstständiger Unternehmer; gegründet 1949; seit Juni 2016 mit neuem Namen sowie neuem Logo: DIE FAMILIENUNTERNEHMER; Sitz in Berlin.

Ziele/Aufgaben: Liberalisierung von Produktion und Handel. Betonen vor allem freie Marktwirtschaft und freie Eigentumsordnung.

Angeschlossen ist der *Bundesverband Junger Unternehmer (BJU)*.

Arbeitsgestaltung

Maßnahmen zur Anpassung der Arbeit an den Menschen mit dem Ziel, Belastungen abzubauen sowie auf Arbeitszufriedenheit und Leistung positiv einzuwirken. Arbeitsgestaltung bezieht sich auf die ergonomischen Bedingungen (Lärm, Beleuchtung, Bestuhlung etc.) und/oder auf inhaltliche Aspekte der Tätigkeit. Insoweit ist jede bewusste Maßnahme der Festlegung bzw. Veränderung der menschlichen Arbeit aus arbeitsgestalterischer Sicht zu betrachten. Dies gilt auch bei einer zunächst rein technischen Rationalisierung; vgl. Arbeitsplatzgestaltung, Ergonomie. Maßnahmen wie Job Enrichment oder Installierung teilautonomer Arbeitsgruppen zielen vor allem auf eine Vergrößerung des Handlungsspielraums und des Motivationspotenzials ab. Die Arbeitsgestaltung dient neben Zufriedenheit (Wohlbefinden) und positiver Einstellung zur Arbeit dem optimalen Einsatz des arbeitenden Menschen innerhalb der Grenzen der zulässigen Arbeitsbelastung (Ausführbarkeit, Erträglichkeit, Zumutbarkeit).

Instrument der Arbeitsgestaltung: Job Diagnostic Survey (JDS).

Arbeitsleistung

Im engeren, auf Entlohnungsfragen beschränkten Sinn das von einem Arbeitnehmer in einem vorgegebenen Zeitraum erreichte mengenmäßige Arbeitsergebnis. Neben der Arbeitszufriedenheit als personalwirtschaftliches Basiskonzept interpretiert, interessieren die Bestimmungsfaktoren der Arbeitsleistung in Form von Leistungsdisposition (angeborene körperliche und geistige Voraussetzungen), Leistungsfähigkeit (Ergebnisse individuellen Lernens) und Leistungsbereitschaft (motivationale Voraussetzungen). Neben diesen personenbezogenen Determinanten hängt das Arbeitsergebnis auch von situativen Faktoren wie arbeitsorganisatorischen Regelungen, ergonomischen Zweckmäßigkeiten bei der Gestaltung des Arbeitsplatzes, der Arbeitsumgebung und der Bewegungstechnik sowie von einer motivkongruenten, auf das individuelle „Wollen" zugeschnittenen Anreizgestaltung (Individualisierung) ab. In Anlehnung an den Verhaltenswissenschaftler Kurt Lewin ist zunächst davon auszugehen, dass im Grunde jeder Mensch danach strebt, seine Talente, seine Fähigkeiten und Fertigkeiten zu aktualisieren. Umgangssprachlich formuliert: Jeder Mensch möchte grundsätzlich zeigen, was in ihm steckt. Im Weiteren kennzeichnet Lewin das menschliche Leistungsverhalten als eine Funktion aus den individuellen Fähigkeiten und Fertigkeiten (F) eines Menschen in Verbindung mit seiner Umwelt (U); $L = f(F, U)$.

Dieses einfache personale Denk- und Analysemodell eröffnet eine erste Erkenntnis. Die Gründe für ein ungenügendes Leistungsverhalten von Menschen können einerseits in deren eingeschränkten Fähigkeiten/Fertigkeiten und/oder in deren mangelnder Leistungsbereitschaft (Motivation) liegen. Andererseits können Umweltfaktoren das Leistungsverhalten von Menschen beinträchtigen oder gar verhindern, obwohl letztere über die erforderlichen Fähigkeiten/Fertigkeiten verfügen und eine grundsätzliche Leistungsbereitschaft aufweisen. Soll umgekehrt das Leistungsverhalten von Menschen beeinflusst werden, dann können grundsätzlich deren Fähigkeiten/Fertigkeiten vertieft oder erweitert, deren Leistungsbereitschaft stimuliert, hemmende Umweltfaktoren beseitigt und förderliche Umweltfaktoren generiert werden. Locke/Latham vertiefen diesen Gedanken in ihrem Modell des „high performance cycle". Wittkuhn/Bartscher (Mitarbeiter-Leistungs-System) und Kaehler (Komplementäre Führung) erweitern den diesbezüglichen Denkrahmen.

Arbeitsmedizin

Teilbereich der Arbeitswissenschaft; beschäftigt sich mit dem Einfluss der Arbeit auf den Menschen. Die Deutsche Gesellschaft für Arbeitsmedizin und Umweltmedizin (DGAUM) hebt hervor, dass das Gebiet Arbeitsmedizin & Prävention als präventivmedizinisches Fach die Wechselbeziehungen zwischen Arbeits- und Lebenswelten einerseits sowie Gesundheit und Krankheiten andererseits umfasst. Im Mittelpunkt steht dabei der Erhalt und die Förderung der physischen und psychischen Gesundheit und Leistungsfähigkeit des arbeitenden Menschen, die Gefährdungsbeurteilung der Arbeitsbedingungen, die Vorbeugung, Erkennung, Behandlung und Begutachtung arbeits- und umweltbedingter Risikofaktoren, Erkrankungen und Berufskrankheiten, die Verhütung arbeitsbedingter Gesundheitsgefährdungen, einschließlich individueller und betrieblicher Gesundheitsberatung, die Vermeidung von Erschwernissen und Unfallgefahren sowie die berufsfördernde Rehabilitation.

Die Ziele der Arbeitsmedizin bestehen in der Förderung, Erhaltung und Mitwirkung bei der Wiederherstellung von Gesundheit sowie der Arbeits- und Beschäftigungsfähigkeit des Menschen. Die Ziele der Arbeitsmedizin werden umgesetzt durch die Bereitstellung von wissenschaftlichen Grundlagen für die menschengerechte Gestaltung von Arbeit, durch die Aufdeckung von Ursachen und die Ableitung von präventiven Maßnahmen bei arbeitsbedingten Gesundheitsgefährdungen, arbeitsbedingten Erkrankungen, Berufskrankheiten und Arbeitsunfällen, durch die Mitwirkung bei der Förderung, dem Erhalt und der Wiederherstellung der individuellen Arbeits- und Beschäftigungsfähigkeit.

Die Arbeitsmedizin übernimmt die ärztliche Beratung von Arbeitgebern und Arbeitnehmern an der Schnittstelle Individuum/Betrieb sowie von Handelnden in der integrierten medizinischen Versorgung bei Fragen der betrieblichen Gesundheitsförderung und Prävention, der arbeits- und umweltbezogenen Diagnostik und Therapie, der arbeits- und beschäftigungsfähigkeitsfördernden Rehabilitation sowie bei versicherungsmedizinischen Fragen.

Die Arbeitsmedizin stützt sich auf eine ganzheitliche Betrachtung des arbeitenden Menschen mit Berücksichtigung somatischer, psychischer und sozialer Prozesse. Arbeitsmedizin handelt auf der Grundlage eines wissenschaftlich begründeten medizinischen Methodeninventars und nutzt auch Erkenntnisse und Methoden anderer Wissenschaftsdisziplinen.

Das Gebiet Arbeitsmedizin und Prävention umfasst als präventivmedizinisches Fach die Wechselbeziehungen zwischen Arbeits- und Lebenswelten einerseits sowie Gesundheit und Krankheiten andererseits. Im Mittelpunkt steht dabei der Erhalt und die Förderung der physischen und psychischen Gesundheit und Leistungsfähigkeit des arbeitenden Menschen, die Gefährdungsbeurteilung der Arbeitsbedingungen, die Vorbeugung, Erkennung, Behandlung und Begutachtung arbeits- und umweltbedingter Risikofaktoren, Erkrankungen und Berufskrankheiten, die Verhütung arbeitsbedingter Gesundheitsgefährdungen, einschließlich individueller und betrieblicher Gesundheitsberatung, die Vermeidung von Erschwernissen und Unfallgefahren sowie die berufsfördernde Rehabilitation.

Arbeitsorganisation

Organisatorische Gestaltung nach Art, Umfang und Bedingungen aller Elemente des Arbeitens. Von zentraler Bedeutung ist hierbei, wie Menschen mittelbar oder unmittelbar mit anderen Menschen zusammenarbeiten und wie sie an Arbeitsobjekten zielgerichtete Verrichtungen vornehmen, unter Nutzung von Arbeitsgegenständen, Informationen und Betriebsmitteln. Zu klären sind unter anderem die Art, der Umfang und die Qualitätsanforderungen an die Arbeitsaufgabe, die Aufgabenteilung zwischen den Menschen und Betriebsmitteln, die Zusammenarbeit zwischen Mensch und Maschine, die Arbeitsform und die Arbeitszeit. Arbeitsorganisation ist also das Ergebnis der Arbeitsgestaltung. Ursachen für eine fehlerhafte Arbeitsorganisation liegen häufig in einer unsystematischen internen Abstimmung und Kommunikation, oder in fehlenden Werkzeugen zur Identifikation und Behebung von Problemen. Insbesondere die neuen Möglichkeiten der Prozessoptimierung im Rahmen des digitalen Wandels zielen darauf ab, diese Ursachen zu beseitigen, ebenso agile Arbeitsmethoden wie die szenario-basierte Planung (SBP), Scrum oder Kanban.

Arbeitsplatzwechsel

I. Arbeitsrecht

Vom Arbeitnehmer herbeigeführte Beendigung des Arbeitsverhältnisses zum bisherigen Arbeitgeber und Eingehung eines neuen Arbeitsverhältnisses.

1. *Recht zum Arbeitsplatzwechsel:* Es ist durch Art. 12 I 1, II 1 GG verfassungsrechtlich gewährleistet.

Ausnahme für den Verteidigungsfall: Art. 12a VI GG).

2. Zum *rechtmäßigen Arbeitsplatzwechsel* ist erforderlich:

(1) *ordnungsgemäße Kündigung* des Arbeitsvertrags und

(2) *Einhaltung der Kündigungsfrist.*

Findet der Arbeitnehmer ein besonders günstiges Stellenangebot, so ist er grundsätzlich nicht zur außerordentlichen Kündigung berechtigt; dies gilt auch dann, wenn er in der Lage ist, seinem Arbeitgeber eine gleichwertige Arbeitskraft zu stellen. Andernfalls handelt er rechtswidrig (Vertragsbruch) und ist dem Arbeitgeber zum Schadensersatz verpflichtet. Bei einem befristeten Arbeitsverhältnis ist die ordentliche Kündigung ausgeschlossen, es sei denn, im Arbeitsvertrag ist anderes vereinbarte (§ 15 III TzBfG). Beträgt die Befristung mehr als 5 Jahre, kann das Arbeitsverhältnis gemäß § 15 IV TzBfG ordentlich gekündigt werden.

3. Um zu vermeiden, dass der Arbeitnehmer einen doppelten Anspruch auf *Urlaub* geltend macht, schließt § 6 BUrlG den Anspruch gegen den neuen Arbeitgeber aus, soweit der frühere bereits Urlaub gewährt hat. Hat der frühere Arbeitgeber den Urlaub noch nicht gewährt, hat der Arbeitnehmer ein Wahlrecht: Er kann sich an den alten oder neuen Arbeitgeber halten.

II. Personalmanagement

Systematischer Arbeitsplatzwechsel in einer Abteilung oder zwischen Abteilungen (Job Rotation). Dies kann zu Ausbildungszwecken (z. B. Trainee) oder zum Zwecke der Vermeidung einseitiger Belastungen (Arbeitsgestaltung) geschehen.

Arbeitsvereinfachung

1. Begriff:

a) Arbeitsvereinfachung durch *horizontale Arbeitsteilung,* wobei einzelne Tätigkeiten entstehen und Industriebetriebe in funktionelle Arbeitsgebiete unterteilt werden.

b) Arbeitsvereinfachung durch *vertikale Arbeitsteilung,* wobei eine Trennung von Planung, Ausführung und Kontrolle erfolgt.

2. Methoden:

(1) Mechanisierung sich wiederholender Vorgänge;

(2) Normung von Geräten, Werkzeugen, Produkten;

(3) Schematisierung von Routinearbeiten;

(4) Verkürzung der Durchlaufzeiten eines Produktes durch genaue Planung des Arbeitsganges;

(5) Verwendung aufgabengerechter Werkzeuge;

(6) Arbeitsgestaltung;

(7) Aufteilung einzelner Arbeitsschritte auf mehrere Personen.

c) Arbeitsvereinfachung durch Digitalisierung und Automatisierung von Geschäftsprozessen; Voraussetzung für eine Automatisierung von Abläufen ist die Digitalisierung und Vernetzung der zugrunde liegenden Daten.

3. *Beurteilung:* Technischer Fortschritt und gewonnener Lebensstandard beruhen auf erfolgreicher Arbeitsvereinfachung. Zu weit getriebene Arbeitsvereinfachung hat demotivierende Wirkung auf Arbeitnehmer. Letzterem kann durch die Ausweitung und/oder Aufwertung der Arbeitsinhalte entgegengewirkt werden.

Arbeitsverteilung

Im Rahmen der Personalkapazitätsplanung werden die Personalbedarfe in einem Arbeits- oder Geschäftsprozess zunächst ermittelt und dann entsprechend besetzt. Über eine vorausschauende Personalkapazitätsplanung lassen sich dann frühzeitig variierende Beschäftigungssituationen erfassen und in einem Planungsprozess berücksichtigen.

Arbeitszeitmodelle

Aus verschiedenen Gründen (bessere Nutzung der betrieblichen Kapazität, Humanisierung der Arbeit, Senkung von Fehlzeiten etc.) praktizierte Arbeitszeitregelungen. Arbeitszeitmodelle reichen von der Gestaltung der täglichen bzw. wöchentlichen Arbeitszeit (gleitende Arbeitszeit), jährlichen Arbeitszeit (Sabbatical, Jahresarbeitszeitvertrag), der Lebensarbeitszeit (gleitender Ruhestand) bis zu Modellen der Teilzeitarbeit (Job Sharing). Dabei kann die Festlegung der Arbeitszeit individuell oder gruppenbezogen erfolgen.

Arbeitszeitverkürzung

Die lange Zeit zu beobachtende Verkürzung der Wochen-, Jahres- (durch Urlaubsverlängerung), aber auch Lebensarbeitszeit (gleitender Ruhestand, Senkung des Renteneintrittsalters) aus sozial-, familien-, gesundheits- oder arbeitsmarktpolitischen Gründen ist zum Stillstand gekommen bzw. hat sich – nicht zuletzt aufgrund der demografischen Entwicklung – in die entgegengesetzte Richtung der Arbeitszeitverlängerung (insbesondere Erhöhung des Renteneintrittsalters) entwickelt. Die in den 1980er- und 1990er-Jahren zu beobachtende Verkürzung der Wochenarbeitszeit („Einstieg in die 35-Stunden-Woche") führte zu deren Flexibilisierung und Differenzierung und zur Ent-Standardisierung sowie zur Delegation von Tarifkompetenz von der überbetrieblichen an die betriebliche Ebene (Dezentralisierung durch Betriebsvereinbarungen). Seit Mitte der 1990er-Jahre dominierte in verschiedenen Branchen eine qualitativ neuartige beschäftigungssichernde Arbeitszeitpolitik, bei der Arbeitszeitverkürzungen gegen temporäre Beschäftigungsgarantien getauscht wurden. In neuerer Zeit findet Beschäftigungssicherung auch durch Arbeitszeitverlängerungen ohne entsprechenden Lohnausgleich statt. Die Anpassung von Lage und Länge der Arbeitszeit spielt häufig eine wichtige Rolle im Rahmen betrieblicher Bündnisse für Beschäftigung und Wettbewerbsfähigkeit bzw. für Arbeit.

Assessmentcenter

Ist ein Gremium in einem Personalauswahlverfahren, das unter mehreren Bewerbern diejenigen ermitteln soll, die den Anforderungen eines Unternehmens und einer zu besetzenden Stelle am besten entsprechen (Eignung). Hierzu werden die Bewerber vor verschiedene Situationen, Aufgaben und Probleme (Rollenspiele, Präsentationsübungen oder eine Postkorb-Übung), häufig unter Zeitdruck, gestellt und im Umgang mit diesen bewertet. Geschulte Beobachter beurteilen hierbei die AC-Teilnehmer in den unterschiedlichen Situationen. Das AC kann die Personalabteilung firmenintern stellen, oder es kann durch eine externe Beratungsfirma unterstützt oder vollständig besetzt werden. Die gestellten Aufgaben und Probleme dienen dazu, die Fähigkeiten und Kompetenzen des Bewerbers zu erkennen und zu dokumentieren. Nach jedem Test tragen die Beobachter ihre Erkenntnisse zusammen. Diese Beobachtungen werden danach ausgewertet und im optimalen Fall dem Teilnehmer ein Feedback auf seine Übung gegeben. Das Gutachten stützt sich auf Beobachtungen, die während des Assessmentcenters gemacht werden. Die Leistungen und Kompetenzen des Kandidaten werden darin widergespiegelt. Anhand dieser Beurteilung können die Kandidaten gezielt nach ihren Fähigkeiten ausgewählt, eingesetzt und gefördert werden.

Das Assessmentcenter erfreut sich in der Praxis großer Beliebtheit, allerdings obliegen diesem Auswahlinstrument auch Schwächen. Der Aufwand und die damit verbundenen Kosten sind hoch, die Aussagekraft nicht unumstritten und Kritiker beanstanden die Tauglichkeit der Messungen bzw. die Wirksamkeit von Assessmentcentern. Demnach sind Manipulationsmöglichkeiten und Interessenskonflikte die stärksten Indikatoren für den mangelnden Nutzen. Zudem wird die Übertragbarkeit der Ergebnisse auf die tatsächlichen Anforderungen der Position und der Erfordernisse im Alltag angezweifelt. Kritisiert wird ferner die starke Konzentration auf die Persönlichkeit der Teilnehmer. Bislang ist der Organisationspsychologie der Nachweis nicht gelungen, dass Menschen mit bestimmten Eigenschaften besonders erfolgreich führen können oder besonders gut bestimmte Aufgaben im Alltagsgeschäft erfüllen. Dies wird damit begründet, dass gewisse Eigenschaften, wie etwa Intelligenz, von Menschen ganz unterschiedlich in alltäglichem Verhalten umgesetzt werden.

Attest

Bei krankheitsbedingtem Fernbleiben vom Arbeitsplatz durch den Arbeitnehmer bei seinem Arbeitgeber vorzulegende ärztliche Bescheinigung. Nach § 5 I Entgeltfortzahlungsgesetz vorzulegen bei Krankheitsdauer über drei Tage, allerdings kann der Arbeitgeber auch eine frühere Vorlage verlangen (Bundesarbeitsgericht, Urteil vom 14. November 2012, Az: 5 AZR 886/11). Das Attest (die Arbeitsunfähigkeitsbescheinigung) muss dem Arbeitgeber spätestens an dem Arbeitstag vorliegen, der auf den dritten Arbeitsunfähigkeitstag folgt. Solange ihm das erforderliche Attest nicht vorliegt, kann der Arbeitgeber die Entgeltfortzahlung zurückbehalten.

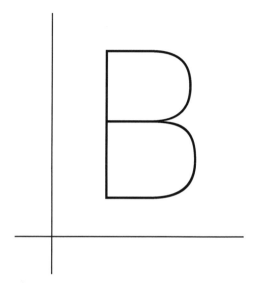

© Springer Fachmedien Wiesbaden GmbH, ein Teil von Springer Nature 2019
Springer Fachmedien Wiesbaden (Hrsg.), *250 Keywords Personalmanagement*,
https://doi.org/10.1007/978-3-658-23656-4_2

Bedürfnislohn

Teil des Arbeitsentgelts, der nicht oder nicht allein an der Leistung des Arbeitnehmers für den Betrieb ausgerichtet ist, sondern darauf, welchen Geldbetrag der Arbeitnehmer benötigt, um das Existenzminimum (Living Wage) oder einen angemessenen Lebensstandard (Cultural Wage) finanzieren zu können. Die Berücksichtigung besonderer, das Existenzminimum bestimmender sozialer Verhältnisse (z. B. Kinderzahl) und die Bestrebungen, den Cultural Wage zu einem festen Bestandteil der Lohnbemessung zu machen, gehen auf die Diskussionen zum Soziallohn im Bergbau zurück. Seit dieser Zeit hat sich eine Kombination aus Bedürfnislohn und Leistungslohn durchgesetzt, wobei zu einem bedürfnisorientierten Basisbetrag leistungsbezogene Bestandteile hinzugerechnet werden. In das seit dem 1. Januar 2015 gültige Gesetz zur Regelung eines allgemeinen Mindestlohnes (Mindestlohngesetz) und in den Vorschriften zur Höhe und Anwendung des gesetzlichen Mindestlohnes sind auch die Diskussionen um den Bedürfnislohn eingeflossen.

Beförderung

In der Regel hierarchischer Aufstieg. Mit der Beförderung wird einem Mitglied einer Organisation eine hierarchisch höherwertige Fach- oder Führungsfunktion übertragen. Damit verbunden sind meist ein erweitertes Aufgabegebiet und Verantwortungsspektrum, sowie zusätzliche Entscheidungsbefugnisse.

Belegschaft

Gesamtheit aller im Betrieb tätigen Arbeitnehmer: Arbeiter und Angestellte, einschließlich der Auszubildenden, ausschließlich leitende Angestellte.

Die Beziehung zum Arbeitgeber ist durch die Betriebsverfassung geregelt.

Beruf

Dauerhaft angelegte, in der Regel eine Ausbildung voraussetzende Betätigung, die Arbeitskraft sowie Arbeitszeit überwiegend in Anspruch nimmt. Nach Art. 12 GG besteht das Recht, den Beruf frei wählen zu können, allerdings ohne Gewährleistung der Möglichkeit zum tatsächlichen Tätigwerden. Eine Sondergruppe bilden die freien Berufe (Arzt, Architekt, Rechtsanwalt usw.).

Eine berufliche Tätigkeit kann in einem Angestelltenverhältnis oder als selbstständige Tätigkeit ausgeübt werden. Angestellt arbeiten kann man in Vollzeit oder in Teilzeit, es ist auch möglich, neben einem Hauptberuf zusätzliche Nebentätigkeiten auszuüben.

Die statistische Einordnung erfolgt mithilfe der Klassifizierung der Berufe.

Beschäftigungspolitik

1. *Charakterisierung:* Das Hauptziel der Beschäftigungspolitik des Staates sowie der Tarifpartner (Gewerkschaften und Arbeitgeberverbände) besteht in der Aufrechterhaltung bzw. Wiederherstellung einer Vollbeschäftigungssituation (bzw. eines möglichst hohen Beschäftigungsgrades). In quantitativer Hinsicht ist der maximale Auslastungsgrad des Produktionsfaktors Arbeit mit der Beschäftigung aller arbeitsfähigen und arbeitswilligen Erwerbspersonen gleichzusetzen (Erwerbspersonenpotenzial). Dabei werden bestimmte Personengruppen, wie z.B. Ausländer, Ältere, Behinderte etc., nicht ausgenommen (Vollbeschäftigung). Die Erreichung dieses Ziels bedeutet allerdings nicht, dass die Arbeitslosenquote gegen null tendieren muss, da in einem marktwirtschaftlichen System ein gewisses Ausmaß an friktioneller bzw. natürlicher Arbeitslosigkeit stets gegeben und für die Bewältigung des Strukturwandels notwendig ist (Beschäftigungsgrad). In qualitativer Hinsicht bedeutet ein hoher Beschäftigungsstand, dass die Arbeitsplätze nicht nur der Zahl nach mit dem Erwerbspersonenangebot übereinstimmen, sondern auch bestimmte qualitative Anforderungen erfüllen sollen, wie z.B. Beschäftigungsmöglichkeiten im zeitlich gewünschten Umfang auf Teilzeitarbeitsplätzen, Beschäftigungschancen in der erworbenen Qualifikationsstufe (Vermeidung unterwertiger Beschäftigung) sowie Verbesserung der Beschäftigungsstruktur nach folgenden Gesichtspunkten: Qualifikation (Verringerung des Anteils der An- und Ungelernten) (Humankapitaltheorien), Risiken am Arbeitsplatz (Verringerung der Gesundheitsgefährdung und der Unfallhäufigkeit), Sektoren (Abbau von Monostrukturen und der Konzentration der Beschäftigung auf einen

oder wenige Wirtschaftszweige) sowie Regionen (Herstellung der Einheitlichkeit der Lebensverhältnisse).

2. Die staatliche Beschäftigungspolitik umfasst drei *Strategiebereiche:*

a) *Nachfragepolitik* (Erhöhung der Nachfrage nach Erwerbspersonen) mit folgenden Instrumenten:

(1) *Nachfrageorientierte Wirtschaftspolitik (Konjunkturpolitik),* z. B. Steuer- und Zinssenkungen, Erhöhung der Staatsausgaben (Fiskalpolitik, Geldpolitik).

(2) *Angebotsorientierte Wirtschaftspolitik,* z. B. Verbesserung der Produktions- und Investitionsbedingungen, marktwirtschaftliche Erneuerung und Förderung des Wettbewerbs durch Deregulierungsmaßnahmen (z. B. Ladenschlussgesetz), Liberalisierung des Arbeitsrechts (z. B. Kündigungsschutzregeln) und der Arbeitnehmerüberlassung.

(3) *Technologiepolitik,* z. B. Verbesserung der internationalen Wettbewerbsfähigkeit durch Produkt- und Prozessinnovationen sowie der Förderung des Humankapitals der Erwerbspersonen.

(4) *Arbeitszeitverkürzung und -flexibilisierung,* z. B. Verkürzung der individuellen Arbeitszeiten bei gleichzeitiger Verlängerung der Betriebsnutzungszeiten, Umwandlung von Voll- in Teilzeitarbeitsplätze sowie Einführung von Teilruhestandsphasen gegen Ende des Erwerbslebens.

(5) *Beschäftigungsorientierte Lohnpolitik,* z. B. Abschluss von nominellen Tariflohnsteigerungen unterhalb des Produktivitätszuwachses und der von der Zentralbank angestrebten, mit Vollbeschäftigung kompatiblen Preissteigerungsrate, Reduzierung der Lohnnebenkosten, Förderung des Strukturwandels hin zum tertiären Sektor und zur Digitalisierung der Arbeit, einseitige (generelle) Nominallohnsenkungen, um über resultierende Güterpreissenkungen und damit implizierte Nachfragesteigerungen die Volkswirtschaft nach einem exogenen Angebotsschock wieder auf ihr Vollbeschäftigungsniveau zurückzuführen (Tarifpolitik).

b) *Angebotspolitik* (Anpassung des Angebots an Erwerbspersonen an die verfügbare Zahl der Arbeitsplätze) mit folgenden Instrumenten:

(1) *Verkürzung der Erwerbslebensdauer,* z. B. vorzeitiges Ausscheiden aus oder späteres Eintreten in den Arbeitsmarkt durch expansive Bildungs-

politik, Einführung von Sabbaticals und Langzeiturlaubsphasen, Erwerbsunterbrechung durch Mutterschafts- und Erziehungszeiten, Betreuung pflegebedürftiger Personen, Fort- und Weiterbildung sowie Umschulung.

(2) *Aussiedler- und Ausländer- sowie Flüchtlingspolitik,* z. B. Maßnahmen zur Integration, Anreize zum Verbleib im Herkunftsland, wachstumsorientierte Einwanderungspolitik.

(3) *Wanderungspolitik,* z. B. Förderung der regionalen und beruflichen Mobilität von Erwerbspersonen.

c) *Arbeitsmarkt-Ausgleichspolitik* mit folgenden Instrumenten:

(1) *(Berufs-)Beratung und Arbeitsvermittlung,* z. B. Maßnahmen zur Beschleunigung des Arbeitsmarktausgleichs sowie zur qualitativen Verbesserung des Vermittlungserfolges, Kooperation privater und öffentlicher Arbeitsvermittlung, Arbeitsvermittlung unter dem Dach des Arbeitnehmerüberlassungsgesetzes, Förderung der internationalen Berufs- und Arbeitsberatung sowie der internationalen Arbeitsvermittlung.

(2) *Einsatz neuer Suchstrategien auf beiden Seiten des Arbeitsmarktes:* z. B. Internet, Networking, Personal- Leasing, Crowdwork.

(3) *Qualifizierungspolitik,* z. B. Förderung der allgemeinen und der beruflichen Ausbildung sowie der beruflichen Weiterbildung mit dem Ziel des Erwerbs von Schlüsselqualifikationen.

(4) *Lohnabstandsgebot:* Die Lohnersatzleistungen sollen so bemessen sein, dass sich die Aufnahme einer zumutbaren Erwerbstätigkeit lohnt.

Beschwerde

Antrag auf Abänderung einer Maßnahme, durch welche sich der Beschwerdeführer verletzt fühlt. Die häufigsten Gegenstände von Beschwerden im Betrieb sind Verstöße gegen das Benachteiligungsverbot, ungenügende Entlohnung, schlechte Arbeitsbedingungen, unzureichende Sozialleistungen, schlechte Zusammenarbeit der Kollegen, Vorgesetztenverhalten, unbefriedigende Regelung der Arbeitszeit. Generell ist jede geäußerte subjektiv empfundene Unzufriedenheit als Beschwerde zu behandeln. Sieht sich ein Arbeitnehmer individuell benachteiligt oder ungerecht behandelt, bzw. beeinträchtigt, so hat er das Recht sich nach § 84 Abs. 1 BetrVG bei den zuständigen Stellen des Betriebes zu beschweren. Er kann hierbei den Betriebsrat um Unterstützung und/oder Vermittlung ersuchen. Nach § 84 Abs. 3 BetrVG dürfen dem Arbeitnehmer durch das Erheben einer Beschwerde keine Nachteile entstehen, siehe auch § 612 a BGB, Maßregelungsverbot.

Beteiligungsgesellschaft der Gewerkschaften AG (BGAG)

Die Beteiligungsgesellschaft der Gewerkschaften GmbH, BGAG (www. bgag.de), ging 1990 aus der Beteiligungsgesellschaft für Gemeinwirtschaft hervor. Zuvor hatten die Anteilseigner den Rückzug aus der unternehmerischen Wohnungswirtschaft und den vollständigen Ausstieg aus der Gemeinwirtschaft beschlossen. Die Umsetzung dieser Beschlüsse hat die BGAG in den Jahren zwischen 1990 und 2007 im Wesentlichen abgeschlossen.

Betriebsausflug

Meist eintägige vom Arbeitgeber geförderte betriebliche Veranstaltung (Ausflug, Reise) mit geselligem Angebot. Die Teilnahme an einem Betriebsausflug muss freiwillig sein und allen Betriebsangehörigen offen stehen; Druck, gleichgültig welcher Art, darf nicht ausgeübt werden. Zweck des Betriebsausfluges ist die Förderung der Zusammengehörigkeit („Verbesserung des Betriebsklimas"). Für die Veranstaltung eines Betriebsausfluges gibt es *keine zwingende rechtliche Grundlage*. Auch das Mitbestimmungsrecht des Betriebsrats beschränkt sich auf die vor- oder nachzuarbeitende Arbeitszeit bzw. das Ausmaß der anzurechnenden Arbeitszeit.

Sachzuwendungen des Arbeitgebers an die Arbeitnehmer aus Anlass eines Betriebsausfluges (z. B. Bewirtung, Geschenke, Fahrtkosten) gehören nicht zum Arbeitsentgelt, sind daher steuer- und sozialversicherungsfrei, solange sie einen gewissen Rahmen nicht überschreiten. Zuwendungen für teilnehmende Angehörige werden den jeweiligen Arbeitnehmern zugerechnet. Auch für den Arbeitgeber sind die Sachzuwendungen steuerfrei, wenn sie sich unterhalb der gesetzlichen Obergrenzen bewegen.

Betriebsbesichtigung

In Form eines „Tages der offenen Tür" oder regelmäßig stattfindende Veranstaltung.

Ziele:

(1) Das Unternehmen über den engen Kreis der Mitarbeiter hinaus bekannt zu machen (Public Relations (PR), Personalwerbung);

(2) neue Mitarbeiter mit dem Unternehmen bekannt und vertraut zu machen;

(3) Nachwuchswerbung zu betreiben;

(4) Reisegruppen die Möglichkeit zu bieten, bei Betriebsbesichtigungen einen Blick in die Produktionsstätten zu werfen, Neues über Produktions-Techniken zu erfahren und nebenbei auch günstig einkaufen zu können.

Voraussetzungen: Sorgfältige Vorbereitung und gute Organisation der Besichtigungsroute, der Darstellung des Produktionsprozesses, der Vorträge etc., Gefahrenstellen müssen besonders geschützt werden.

Betriebshandbuch

Gedrucktes oder digitales Hilfsmittel des innerbetrieblichen Informations- oder Qualitätsmanagements,

a) um Maßnahmen zu beschreiben, die etwa für den Betrieb einer Anlage, eines IT-Systems oder eines luftfahrttechnischen Systems notwendig sind,

b) um Berufsrückkehrenden (§ 20 SGB III) und auch Beschäftigten im Rahmen eines Betrieblichen Eingliederungsmanagements (BEM) eine strukturierte (Wieder-)Einarbeitung zu ermöglichen,

c) um neuen Mitarbeitern, Zeitarbeitern, Ferienjobbern und Praktikanten im Rahmen der Einarbeitung, auch Onboarding genannt, wichtige betriebliche Informationen zugänglich zu machen; letztere sind jedoch kein Ersatz für die Arbeitsordnung.

Mögliche Inhalte je nach Zielgruppe: Allgemeine Hinweise auf Altersversorgung, Arbeitszeit, Aufstiegsmöglichkeiten, Ausbildungsfragen, Aus-

flüge; Beanstandungen und Beschwerden, Beförderungen, Betriebsaus-
schüsse, Betriebsbesichtigungen, Betriebskrankenkasse, Betriebsordnung,
Betriebsrat, Bezug von Werkserzeugnissen; Einstellungsuntersuchung,
Erfindungen, erste Hilfe, Erzeugnisübersicht; Fahrgeldzuschuss, Feier-
tagsbezahlung, Feuerschutz; Geheimhaltung, Geschäftsleitung, Gesund-
heitsdienst, Gewerkschaft und Betrieb; Haftpflicht; Lageplan des Werkes,
Leistungsprämien, Lohnabrechnung (Regelung des Systems und Berechnung der Abzüge); Notruf; Organisationsplan; Pausen, Pensionskasse;
Rationalisierung, Rauchen; Sanitätsdienst, Sicherheitsvorschriften, Sonderzahlungen, soziale Einrichtungen und Maßnahmen, Sterbegeld; Tor-
kontrolle; Überstundenregelung, Unfallschutz, Unfallverhütung, Unter-
stützungskasse, Urlaub; Verbesserungsvorschlagswesen; Werkarzt.

Daneben sollte das Betriebshandbuch auch über die Unternehmenskultur, Unternehmungsgeschichte, Unternehmensleitbilder und Ähnliches
informieren.

Betriebsklima

Sammelbegriff der sich zunächst im Gefolge der Human-Relations-Bewe-
gung entwickelt hat. Im Vordergrund steht daher zunächst das subjektive
Erleben (Attribution) eines Betriebes durch seine Mitarbeiter bei Vorgän-
gen der zwischenmenschlichen Interaktion und Kommunikation. Das Erleben und Verhalten von Menschen ist aber nicht nur einseitig an die Person gebunden, sondern ist auch das Ergebnis der Interaktion von Person
und Situation. Insoweit sind auch objektive Charakteristika bzw. Attribute
der Organisationsumwelt in die Betrachtung mit einzubeziehen. Betriebsklima ist insoweit „... die Qualität der sozialen Beziehungen innerhalb der
Organisation und der diese prägenden Bedingungen, wie sie von der Belegschaft wahr genommen werden und deren Verhalten prägen..." (v. Ro-
senstiel). Das Betriebsklima äußert sich damit auch in der individuellen
Arbeitszufriedenheit und im Leistungsverhalten. Als bedeutende Faktoren für ein positiv erlebtes Betriebsklima gelten Teamgeist, selbstständi-
ges Arbeiten, Lob von der Führungskraft, Zusammenarbeit mit Kollegen,
gerechte Arbeitsteilung, Information durch die Führungskraft, Mitent-
scheidungen, Anerkennung, geregelte Arbeitszeit, Vereinbarkeit von Beruf und Familie, Arbeitsplatz-Gestaltung; belastend wirken sich hingegen

aus: Intrigen, Anschwärzen, Kollegenneid, launige Führungskraft, fehlende Anerkennung, faule Kollegen, Hektik, Angst um den Arbeitsplatz, Konkurrenzkampf. Als Maßnahmen zur Verbesserung des Betriebsklimas werden häufig empfohlen: Raum für eigenverantwortliches Handeln, flache Hierarchien, kooperativer Führungsstil. Das Bundesministerium für Arbeit und Soziales (BMAS) hat eine Untersuchung zur Bewertung der Arbeitsbedingungen von sozialversicherungspflichtig Beschäftigten durch diese selbst unter dem Titel „Gewünschte und erlebte Arbeitsqualität" in Auftrag gegeben. In dem seit 2015 vorliegenden Bericht wird ein umfassender Überblick über die Forschungsansätze und -ergebnisse der letzten Jahrzehnte gegeben.

Betriebssport

Vom Betrieb geförderte Möglichkeit der sportiven Freizeitgestaltung. Unterstützung durch Bereitstellung von Räumlichkeiten, Sportplätzen, Geräten, unter Umständen auch von einheitlichem Sportdress für Wettspiele und durch Gründung von Betriebssportvereinen/Betriebssportgruppen. Die Ausgestaltung des Betriebssportes ist meist Gegenstand innerbetrieblicher Vereinbarungen.

Zweck:

a) Gesundheitsförderung durch Bewegungsausgleich und Entspannung;

b) Pflege eines fairen und beziehungsförderlichen Zusammenwirkens (Betriebsklima);

c) Bindung an das Unternehmen.

Betriebssport unterliegt dem Schutz der *gesetzlichen Unfallversicherung,* wenn er der allgemeinen körperlichen Fitness der Betriebsangehörigen dient und ihnen einen Ausgleich für körperliche, geistige oder nervliche Belastungen durch die Betriebstätigkeit bietet; nicht abgedeckt sind dagegen sportliche Übungen, die auf die Teilnahme am allgemeinen sportlichen Wettkampfverkehr oder der Erzielung von Spitzenleistungen abzielen. Daher besteht auch kein berufsgenossenschaftlicher Versicherungsschutz bei Sportwettkämpfen mit betriebsfremden Mannschaften. Landesbetriebssportverbände bieten diesbezüglich eigene, auf die Belange des Betriebssports ausgerichtete Versicherungen an.

Betriebswirtschaftliche Statistik

Empirische Datenanalyse bei der zwischen

a) *Personalstatistik:* Erfassung der beschäftigten Arbeitnehmer nach verschiedenen Kriterien (z. B. Art der Tätigkeit, Alter, Lohngruppe),

b) *Leistungsstatistik:* Errechnung des Beschäftigungsgrads, der Arbeitsintensität, der Pro-Kopf-Leistung und Kapazitätsausnutzungsgrades,

c) Lagerstatistik,

d) Statistik der Kostenstruktur und

e) Kostenentwicklung und Statistik der Preise

unterschieden wird.

Beurteilungsbogen

Standardisiertes Formblatt zur Mitarbeiterbeurteilung, über dessen Inhalt und Form der Betriebsrat gemäß Betriebsverfassungsgesetz §§ 92ff. BetrVG mitbestimmt. Ziel ist es, die Mitarbeiter anhand des Beurteilungsbogens möglichst objektiv, vergleichbar und transparent einzuschätzen, sodass sich ein weitgehend vollständiges Bild von der Tätigkeit, der Person und deren Leistung ergibt. Häufig ist der Beurteilungsbogen in standardisierten, IT-gestützten Mitarbeiterbeurteilungssystemen integriert. Der Arbeitgeber darf den ausgefüllten Beurteilungsbogen der Personalakte beifügen.

Bewerbung

1. *Charakterisierung:* Der Bewerber wirbt in eigener Sache, d. h. für seine eigene Person, um eine Stellung, ein Amt oder eine sonstige Tätigkeit zu erlangen. Grund der Bewerbung kann im Reagieren auf ein Stellenangebot oder im Wunsch eines Bewerbers liegen, bei einer bestimmten Unternehmung zu arbeiten (Initiativbewerbung).

Formen: Die Bewerbung kann mündlich, schriftlich oder wie heute üblich, über elektronische Medien (E-Mail, Onlineformular, Bewerberwebsite) erfolgen. Von der Beurteilung der Bewerbung hängt es in den meisten Fällen ab, ob der Bewerber zu einer persönlichen Vorstellung eingeladen wird.

2. *Teile:*

a) *Deckblatt:* Hauptfunktionen des Deckblattes ist es, einen Akzent zu setzen. Bestimmte Details der Persönlichkeit wie Name und Foto werden hervorgehoben.

b) *Anschreiben:* Dieses ist der eigentliche Werbebrief. Mit dem Anschreiben will der Bewerber die Aufmerksamkeit der umworbenen Firma auf sich lenken. Aus diesem Grund müssen im Anschreiben auch alle die Tatsachen aufgeführt sein, die den Bewerber für eine Stelle oder ein Aufgabengebiet geeignet erscheinen lassen.

c) *Lebenslauf:* Eine sachliche Darstellung der bisherigen Tätigkeiten, Leistungen und Qualifikationen des Bewerbers in chronologischer oder fachbezogener Folge. Wird ein handgeschriebener Lebenslauf verlangt, deutet dies auf die Erstellung eines graphologischen Gutachtens hin.

d) *Beweismittel:* Die dem Lebenslauf beigefügten Unterlagen (Zeugniskopien, Prüfungsergebnisse, Bescheinigung) sind die Beweismittel der im Lebenslauf gesondert aufgeführten Leistungen. Weitere Bestandteile einer Bewerbung können sein: die sogenannte Dritte Seite (zur weiteren Darstellung der eigenen Person, Motivation, Qualifikation), das Kompetenzprofil (gesonderte Präsentation von Fachwissen und Schlüsselqualifikation die Bezug zum Anforderungsprofil besitzen), Referenzen (in Form von Arbeitsproben oder Benennung von Projekten und ehemaligen Vorgesetzten). Obwohl ein Foto nach dem Allgemeinen Gleichbehandlungsgesetz (AGG) heute keine Bedingung mehr für eine Bewerbung sein darf, wird die Verwendung aus Darstellungsgründen dennoch weiter empfohlen.

3. *Onlinebewerbung:* Bewerbung via Internet bzw. E-Mail durch Erstellen, Einscannen, Hochladen und Verschicken von Dateien mit persönlichen Daten mittels PCs.

Bruttoarbeitsentgelt

Bruttolohn; Arbeitsentgelt vor Abzug von Steuern (Lohnsteuer, Solidaritätsbeitrag, gegebenenfalls Kirchensteuer) und Sozialversicherungsbeiträgen (in der Regel Rentenversicherung, Krankenversicherung, Arbeitslosenversicherung, Pflegeversicherung) (Lohnabzüge), das Entgeltempfängern (Arbeitern, Angestellten, Beamten, Auszubildenden und ähnlichen Arbeitnehmergruppen) aus ihrem Arbeits- oder Dienstverhältnis zufließt. Der Bruttolohn dient als Grundlage zur Berechnung von Steuer- und Sozialversicherungsbeiträgen. Gegebenenfalls sind Lohnsteuerfreibeträge zu den Sozialversicherungsbeiträgen hinzuzurechnen.

Bundesverband der Freien Berufe (BfB)

Dachverband von über 90 Spitzenvereinigungen und Landesorganisationen der Freien Berufe, Sitz in Berlin.

Aufgaben: Interessenvertretung der freiberuflich Schaffenden; in Bezug auf Steuern, Sozialpolitik, Berufsbildung, Umwelt. Zusammenfassung der Freien Berufe, Sicherung ihrer sozialen Grundlagen, Stärkung des Einflusses der frei und selbstverantwortlich schaffenden Persönlichkeit auf das öffentliche Leben; Pflege der Beziehungen der freien Berufe untereinander. Die im BFB vertretenen Berufsgruppen setzen sich aus den freien heilkundlichen, rechts- und wirtschaftsberatenden, technischen und naturwissenschaftlichen, pädagogischen, psychologischen und übersetzenden sowie publizistischen und künstlerischen Berufen zusammen.

Bundesverband der Selbständigen e.V. (BDS)

Älteste Interessenvertretung der mittelständischen Unternehmen in Deutschland; Sitz in Berlin.

Aufgaben: Unterstützung mittelständischer Unternehmen bei Existenzgründung, Rechtsfragen und der täglichen Unternehmenspraxis. Interessenvertretung über ihm angehörende Abgeordnete aus allen Parteien auf Landes-und Bundesebene; auf europäischer Ebene werden die Interessen des Verbandes von der europäischen Dachorganisation der Selbstständigen, UEAPME (European Association of Craft, Small and Medium-Sized Enterprises) vertreten; praxisorientierte Publikationen.

Bundesvereinigung der Deutschen Arbeitgeberverbände e.V. (BDA)

Zusammenschluss von Fachspitzen- und überfachlichen Landesverbänden der deutschen Privatwirtschaft; Sitz in Berlin.

Aufgaben: Zentrale Aufgabe der BDA ist es, die unternehmerischen Interessen im Bereich der Sozialpolitik aktiv zu vertreten. Die BDA engagiert sich in Gremien auf nationaler, europäischer und internationaler Ebene, bei Sachverständigenanhörungen, in den Selbstverwaltungsorganen der Sozialversicherung, als Koordinator und Ratgeber in Tarifvertragsverhandlungen der Mitgliedsverbände und als Vermittler in der öffentlichen Auseinandersetzung. Darin liegt eine hohe Verantwortung auch für das Gemeinwohl, die eine einseitige Interessenvertretung ausschließt. Die BDA ist Ansprechpartner für ihre Mitglieder, die Öffentlichkeit, Bundesregierung und Bundestag in allen Fragen der Sozial- und Tarifpolitik, des Arbeitsrechts, des Arbeitsmarktes, der Bildungs-, der Personal- und Gesellschaftspolitik einschließlich der europäischen und internationalen Sozialpolitik.

Büro Führungskräfte der Wirtschaft (BFW)

Der Bundesagentur für Arbeit angeschlossene Behörde mit spezieller Aufgabenstellung; die Zentrale Auslands- und Fachvermittlung (ZAV), ehemals Zentralstelle für Arbeitsvermittlung, ist eine Managementvermittlung; Sitz in Bonn.

Aufgabe: Vermittlung von Führungskräften (Vorstand, Geschäftsführung, Bereichs-, Hauptabteilungs-, Abteilungsleitung, Werks- und Betriebsleitung, Leitende Stabskräfte, Führungskräfte mit Interesse an Selbständigkeit); die ZAV-Managementvermittlung berät und vermittelt Führungskräfte, die auf der Suche nach einer neuen, positionsadäquaten Beschäftigung sind. Zugleich unterstützt die ZAV Unternehmen bei der Besetzung von Leitungspositionen und berät diese individuell bei der Personalgewinnung.

Ziel ist es, den Besonderheiten bei der Vermittlung von Führungskräften Rechnung zu tragen.

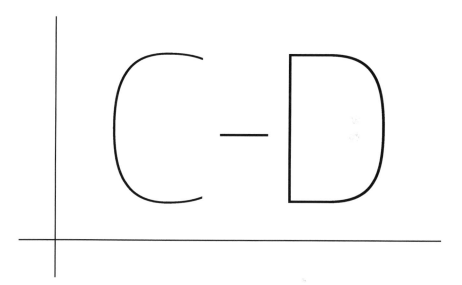

© Springer Fachmedien Wiesbaden GmbH, ein Teil von Springer Nature 2019
Springer Fachmedien Wiesbaden (Hrsg.), *250 Keywords Personalmanagement*,
https://doi.org/10.1007/978-3-658-23656-4_3

Cafeteria-System

1. *Begriff:* Konzept individualisierter Entgeltgestaltung. Die Arbeitnehmer erhalten die Möglichkeit, sozial- und/oder übertarifliche Leistungen aus vorgegebenen Alternativen den persönlichen Bedürfnissen und Präferenzen entsprechend auszuwählen.

2. *Ziele:* Neben der Individualisierung von Sozialleistungen, der erweiterten Selbstbestimmung am Arbeitsplatz und der Verbesserung der Corporate Identity soll eine bessere Steuerung der Kosten der Sozialleistungen gewährleistet werden.

3. *Formen:* Variabel wählbar sind z. B. die Art der Bezahlung, die Form einer Erfolgsbeteiligung, die Art der Sozialleistung (Zuschuss zur Lebensversicherung, Arbeitgeberdarlehen und Ähnliches). Der Arbeitnehmer kann sich somit aus einem Angebot an Sozialleistungen und übertariflichen Entgeltbestandteilen sein individuelles „Menü" zusammenstellen. Da nur übertarifliche Entgeltbestandteile darunter fallen können, ist die Bedeutung in der Praxis bislang beschränkt.

Christlicher Gewerkschaftsbund Deutschlands (CGB)

Ist die Spitzenorganisation der christlichen Gewerkschaften in der Bundesrepublik Deutschland. Er versteht sich als Nachfolger des 1919 gegründeten, 1933 von den Nationalsozialisten aufgelösten (christlichen) Deutschen Gewerkschaftsbundes; Bundesgeschäftsstelle mit Sitz in Berlin; gegründet 1959.

Ziel: Als einer der drei anerkannten gewerkschaftlichen Dachverbände der Bundesrepublik Deutschland ist er bestrebt, den Gewerkschaftspluralismus in Deutschland zu bewahren. Der CGB ist eingebunden in eine plurale, europäische Gewerkschaftsbewegung, die Monopolansprüche ablehnt und die Zukunft einer durch Meinungsvielfalt geprägten Gesellschaft aus christlicher Verantwortung mitgestaltet.

Für einige Mitglieder des CGB hat das Bundesverfassungsgericht rückwirkend zum Jahr 2003 die Tarifunfähigkeit festgestellt (BVerfG, Beschluss vom 25.04.2015, Aktenzeichen 1 BvR 2314/12).

Coaching

In der Personalentwicklung wird Coaching als ziel- und lösungsorientierte Beratung und Begleitung von Fach- und Führungskräften eingesetzt. Ziel ist es, insbesondere deren Beziehungs- und Führungsqualität weiterzuentwickeln und diese auf geänderte berufliche Rahmenbedingungen abzustimmen. Coaching dient in erster Linie dem Erreichen von selbstgewollten, realistischen Zielen, die für die Entwicklung des Klienten relevant sind; im Vordergrund stehen dabei die Förderung von Selbstreflexion und Selbstwahrnehmung. An die Qualifikation eines Coaches sind spezifische Anforderungen zu stellen. Neben psychologischen und betriebswirtschaftlichen Kenntnissen, sind auch sogenannte Feldkompetenzen erforderlich, soweit diese nicht bereits durch praktische Erfahrungen erworben wurden.

Vorgesetzten-Coaching: Coaching-Variante, unter der ein entwicklungsorientiertes Führen von Mitarbeitern verstanden wird. Hierfür sind bestimmte Rahmenbedingungen maßgeblich: Unter anderem ist die Bereitschaft des Mitarbeiters erforderlich, entwicklungsorientiert geführt werden wollen und es ist unabdingbar, dass die Führungsperson sowohl die menschliche, als auch die methodische und fachliche Kompetenz für einen Coachingprozess nachweisen kann.

Conféderation Européenne des Indépendants (CEDI)

Europaverband der Selbstständigen; europäische Interessenvertretung der Selbstständigen, der Klein- und Mittelbetriebe, der freien Berufe und des übrigen Gewerbes.

In der Bundesrepublik Deutschland vertreten durch den *Conféderation Européenne des Indépendants Bundesverband Deutschland e.V.* in Bexbach; im Jahr 2009 wurde dieser in „Europaverband der Selbständigen – Deutschland e.V. (ESD)" umbenannt.

Counseling

Eine pädagogisch-therapeutische Beratungsform; hat sich entwickelt aus der Humanistischen Psychologie, dem systemischen Denkansatz und aus der Erwachsenenbildung. Counseling fördert persönliches Wachstum, individuelle, soziale und berufliche Kompetenz. „Counseling ist ein Beratungsangebot, mit dem individuelle, soziale und berufliche Konflikte be- und aufgearbeitet, bewältigt und überwunden werden können. Die verschiedenen methodischen Ansätze der Humanistischen Psychologie und des systemisch-konstruktivistischen Denkens sind geeignet, in einer Konfliktsituation hinderliche Lebenskonzepte aufzuzeigen und sie im stetigen, reflektierenden Lernprozess durch andere zu ersetzen. Im Kontext seiner andragogisch-beraterischen Orientierung wird Counseling hauptsächlich in folgenden Bereichen angewandt: in der Persönlichkeits- und Strukturentwicklung, in der Erziehungs-, Lebens-, Ehe-, Partnerschafts- und Sexualberatung, in der schulischen oder beruflichen Förderung/Orientierung, in der Erwachsenenbildung, in der beruflichen und sozialen Rehabilitation".

Die berufspolitische Vertretung der Councelor ist der BVPPT Berufsverband für Beratung, Pädagogik & Psychotherapie e.V. (Professional Association For Counseling, Education & Psychotherapy e.V.). Die Deutsche Gesellschaft für Beratung – DGfB und das Nationale Forum Beratung in Bildung, Beruf und Beschäftigung (nfb), unter anderem gefördert durch die Bundesregierung, haben Standards auf dem Gebiet der lebensbegleitenden Beratung in Bildung, Beruf und Beschäftigung entwickelt und 2014 veröffentlicht.

Deutsche Angestellten-Gewerkschaft (DAG)

Ehemals gewerkschaftliche Einheitsorganisation der Angestellten, konfessionell und parteipolitisch unabhängig; gegründet 1945; Sitz in Berlin.

Mit dem Eintrag in das Vereinsregister am 02.07.2001 ist die DAG in der Vereinten Dienstleistungsgewerkschaft (ver.di) aufgegangen.

Deutscher Frauenrat

Bundesvereinigung Deutscher Frauenverbände und Frauengruppen gemischter Verbände e.V., gegründet 1951; Sitz in Berlin.

Aufgaben: Durchsetzung der Chancengleichheit für Frauen in allen gesellschaftlichen Bereichen.

Ziel: Der Deutsche Frauenrat hat sich in seiner Geschichte zur wichtigsten Lobby von Frauen in der Bundesrepublik Deutschland entwickelt; er hat wesentlich dazu beigetragen, Frauen- und Gleichstellungspolitik auf die politische Agenda zu setzen und dort auch zu halten. Seine Arbeit orientiert sich am Begriff Geschlechtergerechtigkeit: Chancengleichheit und gleichwertige Anerkennung von Frauen und Männern in Beruf und Familie, in Gesellschaft, Politik, Wirtschaft und Kultur, gemäß Artikel 3 des Grundgesetzes. Seine Stärke bezieht der Deutsche Frauenrat aus der Vielfalt seiner Mitgliedsverbände. In seinen Reihen bildet sich das ganze Spektrum des demokratischen, frauenpolitischen Interesses und Engagements ab. Hier treffen unterschiedlichste Kompetenzen und Anliegen aufeinander. Als Dachverband trägt der Deutsche Frauenrat wesentlich dazu bei, gemeinsame Positionen und konkrete Forderungen zu entwickeln.

Deutscher Gewerkschaftsbund (DGB)

Vereinigung von Einzelgewerkschaften; nicht rechtsfähiger Verein; gegründet im Oktober 1949 in München. Sitz in Berlin.

Zweck/Grundsätze: Einer von drei gewerkschaftlichen Dachverbänden in Deutschland, neben DBB Beamtenbund und Tarifunion, sowie Christlicher Gewerkschaftsbund (CGB); er vertritt die gesellschaftlichen, wirtschaftlichen, sozialen und kulturellen Interessen seiner Mitgliedsgewerkschaften gegenüber den politischen Entscheidungsträgern, Parteien und Verbänden in Bund, Ländern und Gemeinden. Er koordiniert die gewerkschaftlichen Aktivitäten. Als Dachverband schließt er keine Tarifverträge ab.

Ziele:

(1) Im sozialpolitischen Bereich: vor allem Vertretung der Arbeitnehmerinteressen in der nationalen und internationalen Sozial- und Gesundheitspolitik (einschließlich Umweltschutz), in der Sozialversicherung (einschließlich Selbstverwaltung), in der Arbeitsmarktpolitik und Arbeitssicherheit sowie im Sozial- und Arbeitsrecht.

(2) Im wirtschaftspolitischen Bereich: vor allem Ausbau der Mitbestimmung und Vertretung der Arbeitnehmerinteressen in allen politischen Bereichen.

Der DGB ist demokratisch aufgebaut. Seine Satzung legt die Unabhängigkeit gegenüber den Regierungen, Verwaltungen, Unternehmern, Konfessionen und politischen Parteien fest. Das Organisationsgebiet erstreckt sich auf das Gebiet der Bundesrepublik Deutschland (einschließlich neue Bundesländer).

Der DGB ist *Mitgliedsorganisation* des Europäischen Gewerkschaftsbundes (EGB) und im Internationalen Gewerkschaftsbund (IGB). Der DGB vertritt außerdem die deutschen Gewerkschaftsinteressen bei internationalen Organisationen wie der EU und UNO.

Folgende acht *Gewerkschaften* gehören dem DGB an: IG Bauen-Agrar-Umwelt; IG Bergbau, Chemie und Energie; Gewerkschaft Erziehung und Wissenschaft; IG Metall; Gewerkschaft Nahrung- Genuss-Gaststätten; Gewerkschaft der Polizei; Eisenbahn- und Verkehrsgewerkschaft; Vereinte Dienstleistungsgewerkschaft (ver.di).

Digitalisierung und Arbeit 4.0

1. *Digitalisierung und Automatisierungsgrad*: Welche erwartbaren Auswirkungen auf die Aufgabenbereiche bzw. Tätigkeitsfelder in den Unternehmen zeichnen sich angesichts der digitalen Veränderungen in den Arbeitssystemen ab? Es lassen sich drei Technologieklassen unterscheiden, deren Automatisierungs- und Digitalisierungsgrad zunehmend ansteigt. Bei den Produktionsmitteln reicht die Unterscheidung von „manuell gesteuerten" Arbeitsmitteln bis hin zu „selbststeuernden" Maschinen und Anlagen. Bei ersteren ist der Mensch noch im hohen Maße selbst tätig, bei letzteren werden die Arbeitsabläufe/-vorgänge weitgehend selbstgesteuert und automatisch durch „die Technik" bearbeitet. Die Büro- und Kommunikationsmittel in der Verwaltung von Produktions- sowie Dienstleistungsbetrieben werden analog eingeteilt. Diese erstrecken sich von „nicht IT-gestützten" Arbeitsmitteln, wie etwa Telefon oder Fax, bei denen der Mensch noch in hohem Maße selbst tätig ist, bis hin zu IT-integrierten Computersystemen und Plattformen, deren Software und Algorithmen Arbeitsprozesse weitestgehend selbstständig und automatisch durchführen.

2. *Auswirkungen der Technologien 4.0 auf Tätigkeitsfelder in der Produktion und der Verwaltung*: Die selbststeuernden Produktionsmittel und die IT-inte-

grierten Büro- und Kommunikationsmittel (BuK-Mittel) können damit als Technologien der vierten Industriellen Revolution bezeichnet werden. Um nun untersuchen zu können, wie sich der vermehrte Einsatz von 4.0-Technologien auf einzelne Tätigkeitsfelder auswirkt, wird auf eine in der Arbeitsmarktforschung übliche Einteilung Bezug genommen und zwischen Routinetätigkeiten, manuellen und abstrakten Tätigkeiten unterschieden.

Routinetätigkeiten beinhalten dabei vor allem klar definierte Aufgaben, die sich zudem immer wiederholen. Manuelle Tätigkeiten umfassen einerseits situative Anpassungen, aufgrund von sprachlicher und visueller Erkennung und andererseits die zwischenmenschliche Interaktion. Abstrakte Tätigkeiten erfordern Problemlösungskompetenzen, Kreativität, Intuition und Überzeugungskraft.

Es zeigt sich, dass der vermehrte Einsatz von 4.0-Technologien branchenübergreifend vor allem Routinetätigkeiten verdrängt, insbesondere dann,

Y-Modell zum Tätigkeitswandel durch die Digitale Transformation

wenn diese auf Basis standardisierter, strukturierter Daten und bei eineindeutiger Informationslage durchgeführt werden. Beispiele hierfür sind etwa die Bearbeitung von Formularen oder das Überwachen von technischen Prozessen. Diese Automatisierungstendenz ist inzwischen sowohl bei Berufen mit einfacher, mittlerer und hoher Aufgabenkomplexität und den daraus resultierenden Anforderungen an die Qualifikation der Mitarbeiter feststellbar. Es ist zu erwarten, dass diese Entwicklung anhält und zunehmend auch Tätigkeiten erfasst, bei denen weniger strukturierte Daten und volatilere Datenlagen verarbeitet werden. Im Zuge der Digitalisierung werden also im ersten Schritt vor allem Routinetätigkeiten automatisiert (siehe Abbildung „Y-Modell zum Tätigkeitswandel durch die Digitale Transformation" nach Bartscher (2016)).

Im Verwaltungsbereich von Unternehmen und in der Dienstleitungsbranche führt diese Entwicklung aktuell vor allem dazu, dass Menschen zunehmend manuelle und damit einfachere Tätigkeiten ausführen, die situatives Reagieren erfordern. Im Produktionsbereich ist der Trend hin zu manuellen Tätigkeiten durch den Mensch dagegen kaum ausgeprägt, teilweise sogar bereits rückläufig. Denn Tätigkeiten wie zum einen Sichern, Schützen und Bewachen und Reparieren, Instandsetzen und Warten zum anderen, werden ebenfalls zunehmend in 4.0-Technologien integriert. Bei den manuellen Tätigkeitsbereichen ist darüber hinaus die Tendenz feststellbar, dass dem Mensch lediglich noch eine Assistenzfunktion zugeschrieben wird. In der Produktion geht der Einsatz von 4.0-Technologien somit offensichtlich mit einem relativen Bedeutungsverlust sowohl von menschlichen Routinetätigkeiten als auch manuellen Tätigkeiten einher. Dagegen zeichnet sich ab, dass abstrakte Tätigkeiten, wie etwa Analysieren, Programmieren, Mitarbeiterführung, Entwickeln, Forschen, Konstruieren sowie Verhandeln stark an Bedeutung gewinnen werden, vor allem in produzierenden Unternehmen, die in 4.0-Technologien investieren.

3. *Blick in die Zukunft*: Insoweit ist zu erwarten, dass die Jobs der Zukunft körperlich weniger anstrengend, dafür geistig anspruchsvoller, vielfältiger aber auch komplexer werden. Die Arbeitnehmer sind aufgefordert, sich durch kontinuierliches Lernen an die sich schnell verändernden Kompetenzanforderungen flexibel anzupassen, um ihre Beschäftigungs-

fähigkeit zu sichern. Die Anforderungen an die Beschäftigten verschieben sich dabei verstärkt in Richtung von übergreifenden Kompetenzen wie Prozess- Know-how, interdisziplinäre Arbeitsweise oder fachlich übergreifende Fähigkeiten. Diese umfassen vor allem persönliche und psychosoziale Kompetenzen sowie Problemlösungskompetenzen. Hier hat der Mensch nach wie vor einen Wettbewerbsvorteil gegenüber Maschinen.

Nebenwirkung dieser Entwicklung ist das zunehmende Arbeiten unter starker geistiger Belastung. Die Gesundheitsrisiken der digitalen Entwicklung, sowie die arbeitsplatzbezogenen psychische Belastungen werden damit ansteigen.

Duale Berufsausbildung

1. *Begriff:* In der Bundesrepublik Deutschland übliches Berufsausbildungssystem mit dualer Struktur; berufliche Erstausbildung Jugendlicher, die an zwei Lernorten (Berufsschule und Betrieb) mit unterschiedlichen Ausrichtungen durchgeführt wird.

2. *Merkmale:* Inhaltlich-zeitliche Verknüpfung einer überwiegend fachpraktischen Ausbildung im Betrieb und/oder in einer überbetrieblichen Ausbildungsstätte mit einer fachtheoretisch-allgemeinen Bildung in der Berufsschule.

3. *Rechtliche Regelungen:* Zweiteilung der Zuständigkeiten für die rechtliche Regelung der betrieblichen und schulischen Berufsausbildung:

(1) Die Ausbildung in den Betrieben wird bundeseinheitlich durch das Berufsbildungsgesetz (BBiG) geregelt.

(2) Kultusminister und -senatoren der Länder sind für den Unterricht an den berufsbildenden Schulen zuständig. Es werden vom Bund einheitliche Ausbildungsordnungen erstellt, während die Länder gesondert Lehrpläne bzw. Richtlinien für die Berufsschulen erlassen. Der Kultusministerkonferenz der Länder (KMK) obliegt die vorbereitende Koordination der einzelnen Lehrpläne durch die Erarbeitung gemeinsamer Rahmenlehrpläne.

Die Durchführung der Berufsausbildung regeln, soweit detaillierte Vorschriften nicht bestehen, die *„zuständigen Stellen"*, z. B. Industrie- und

Handelskammern, Handwerkskammern, Landwirtschaftskammern, Ärztekammern. Sie führen ein Verzeichnis der Berufsausbildungsverhältnisse (Lehrlingsrolle), bilden Prüfungsausschüsse und erlassen Prüfungsordnungen für die Ausbildungsabschluss- und -zwischenprüfungen und stellen zur Beratung und Kontrolle der Ausbildungsbetriebe einen Ausbildungsberater.

4. *Finanzierung:* Es ist eine Mischfinanzierung in öffentlicher (Berufsschule) und privatwirtschaftlicher (Betrieb) Verantwortung. In der Regel werden die Personalausgaben für die Lehrer an öffentlichen Berufsschulen von den Ländern getragen; der jeweilige Schulträger (kreisfreie Städte, Landkreise) übernimmt die Sachausgaben sowie die Ausgaben für das Verwaltungspersonal. Die anerkannten privaten Berufsschulen erhalten je nach Länderregelung Finanzhilfen zu den Sach- und Personalausgaben. Die Ausbildungsbetriebe finanzieren die Kosten der betrieblichen Ausbildung (Personalkosten, Sachkosten) eigenständig (einzelbetriebliche Finanzierung). Durch die Kritik an dem einzelbetrieblichen Finanzierungsmodus haben sich eigenständige Organisations- und Finanzierungsweisen von betrieblicher Ausbildung entwickelt. So werden die überbetrieblichen Ausbildungsstätten (z. B. Lehrwerkstätten) zumeist durch Zuschüsse des Bundes sowie der jeweiligen Bundesländer finanziert. Die Tariffondfinanzierung erfolgt über ein Umlagesystem und die Verbundfinanzierung je nach Kooperationsform im Sinne eines Ausgleichsprinzips.

5. *Probleme:* Aufgrund der unterschiedlichen Zuständigkeiten bei der Planung und Durchführung der Berufsausbildung weichen die Ausbildungspläne für den schulischen und betrieblichen Teil der Ausbildung zum Teil erheblich voneinander ab; zudem sind die betriebliche und schulische Ausbildung sachlich und zeitlich nur wenig aufeinander abgestimmt. Zur Behebung dieses Problems wurde von der Kultusministerkonferenz der Länder ein Koordinierungsausschuss eingesetzt, der unter anderem die Aufgabe hat, die Abstimmung der Ausbildungsordnungen und Rahmenlehrpläne vorzunehmen.

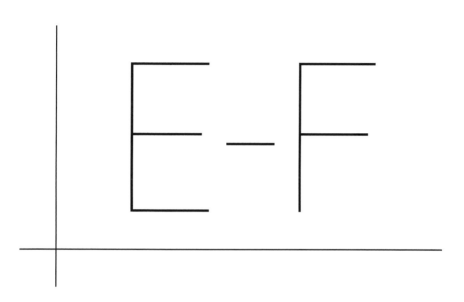

Springer Fachmedien Wiesbaden (Hrsg.), *250 Keywords Personalmanagement*,
https://doi.org/10.1007/978-3-658-23656-4_4

Educentives

Wortzusammensetzung aus *Education* und *Incentives*. Angelehnt an das Modell des Action-Learning (handlungsorientiertes Lernen) von Reginald Revans werden reale Probleme mit anderen Personen bearbeitet. Die Themen-/Problemstellungen werden dabei überzeichnet in alternativen Szenarien bearbeitet, etwa indem die Teilnehmer ein Theaterstück gemeinsam inszenieren. Auf diese Weise können einerseits komplexe Inhalte erfahrbar gemacht und mit den Teilnehmenden reflektiert und auf konkrete berufliche Fragestellungen übertragen werden. Insoweit handelt es sich um arbeitsplatznahe und arbeitsprozessorientierte Lernarrangements. Der Eventcharakter der Wissensvermittlung erhöht zudem die Lernmotivation und das Erinnern der Lernergebnisse; auch wird der Zusammenhalt unter den Teilnehmenden gefördert.

Edutainment

Kombination der Wörter *Education* und *Entertainment*.

Spielerische Vermittlung von Wissen bei gleichzeitigem großen Unterhaltungswert. Anwendung in der Aus-, Fort- und Weiterbildung sowie im Marketing, z. B. bei Unternehmenspräsentationen.

Eigenschaftstheorie der Führung

Theorie, die im Wesentlichen auf die Ansätze der Great-Man-Theorie zu Beginn des 20. Jahrhunderts zurückzuführen ist. Das Forschungsinteresse gilt angeborenen und somit nicht erlernbaren, stabilen und situationsunabhängigen Eigenschaften, die eine Führungsperson von ihren Mitarbeitern unterscheiden und die mit wirtschaftlichen Erfolgsgrößen, wie Gewinn, Rentabilität usw. korrelieren. In frühen Studien sind dies biographische Eigenschaften und kognitive Fähigkeiten, die relevant erscheinen für den Erfolg als Führungskraft. In späteren Studien werden die Messgrößen für Führungserfolg ergänzt um definierte, aufgabenbezogene Zielgrößen, wie das Einhalten von Zeit- und Budgetvorgaben und um soziale Kriterien, wie Arbeitszufriedenheit, Fluktuation oder Absentismus. Die untersuchten Persönlichkeitsmerkmale von Führungskräften erweitern sich um aufgabenbezogene und beziehungsbezogene Eigenschaften.

Anstoß für diese Forschungsbemühungen ist das Ansinnen, die Auswahl von geeigneten Personen für die Besetzung von Führungspositionen weitestgehend zu standardisieren. Die über die Jahre hinweg von mehreren Autoren in über 150 Studien angesammelten Ergebnisse mit über mehr als 2000 unterschiedlichen Eigenschaften wurden von Stogdill (1948/1974) zusammengetragen und analysiert. Er stellt fest, dass es nur wenige Führungsmerkmale gibt, die in mehreren Studien gleichzeitig und häufig auftreten. Folgende fünf Merkmalsgruppen identifizierte er: Befähigung, Leistung, Verantwortlichkeit, Partizipation und Status.

Unter Befähigung werden u. a. Eigenschaften wie Intelligenz, Wachsamkeit, Ausdrucksfähigkeit, Originalität oder Urteilskraft subsumiert. Zu den Leistungen einer Führungskraft zählen mitunter ihr Wissen, ihre Vorbildung (z. B. akademischer Werdegang), ihre (bisherigen) beruflichen Erfolge oder sportlichen Erfolge. Unter Verantwortlichkeiten versteht man z. B. Zuverlässigkeit, Selbstsicherheit, Initiative, Dominanzstreben oder Ausdauer. In den Bereich der Partizipation oder Teilnahme fallen beispielsweise sämtliche sozialen Aktivitäten wie Kontaktfreude, Kooperationsverhalten, aber auch Einsatzwille, Anpassungsfähigkeit oder Humor. Und schließlich werden über den Status einer Führungskraft noch Merkmale wie deren soziale und wirtschaftliche Lage, etwa die Position oder Popularität, abgebildet. Festzuhalten ist, dass Führungseigenschaften über Gruppen von Merkmalen beschrieben werden können. Diese Merkmalsgruppen sind auch bei erfolgreichen Führungskräften festzustellen. Als alleinige Erklärung für Führungserfolg sind sie nicht geeignet. Allerdings sprechen neuere Untersuchungen dafür, dass wir Menschen evolutionär angelegte Merkmalsmuster mit Führungseigenschaften in Verbindung bringen; vgl. charismatische Führung. Bestimmte Merkmalseigenschaften der Führungsperson bzw. damit korrespondierendes Führungsverhalten finden sich in Ansätzen der verhaltens- und situationsorientierten Führungsansätzen wieder, ebenso in den Transformations- und Transaktionstheorien der Führung.

Eignung

Gesamtheit aller Merkmale und Eigenschaften, die einen Menschen befähigen, eine bestimmte Tätigkeit erfolgreich auszuüben. Hierbei stehen diese Merkmale oder Eigenschaften immer in Bezug auf eine bestimmte Tätigkeit. Geeignet ist eine Person in dem Umfang, in dem ihre Merkmale und Eigenschaften den Anforderungen einer bestimmten Tätigkeit entsprechen (z. B. Daten in ERP-System (Enterprise Resource Planning) einpflegen und auswerten, CAD-System bedienen, Buchhaltung führen etc.). Häufige Eignungsmerkmale: Persönlichkeit, Wissen, Können, Erfahrung, körperliche Leistungsfähigkeit. Feststellung mittels Verfahren der Eignungsdiagnostik.

Der Begriff der Eignung wird oftmals auch darüber hinaus auf das Ausmaß angewendet, in dem die Interessen, Bedürfnisse und Wertvorstellungen einer Person dem Befriedigungspotenzial des Arbeitsplatzes entsprechen.

Empowerment

Englisch für *Bevollmächtigung;* Bezeichnung für vom Management initiierte Maßnahmen, die die Autonomie und Mitbestimmungsmöglichkeiten von Mitarbeitern rund um ihren Arbeitsplatz erweitern. Empowerment bezeichnet somit die Weitergabe von Entscheidungsbefugnissen und Verantwortung durch Vorgesetzte an Mitarbeiter. Empowerment konkretisiert sich unter anderem in einer (weitgehend) selbstbestimmten Gestaltung des Arbeitsablaufs, dem Zugang zu gewünschten Informationen und intensivierter (aufgabenbezogener) Kommunikation mit Kollegen und Vorgesetzten.

Vorteile des Empowerments sind auf organisationaler Ebene der Abbau von Hierarchie, weniger Bürokratie und Leistungsoptimierung sowie auf Mitarbeiterebene motivationale Effekte.

Entlohnungspolitik

Auch Vergütungsmanagement oder Compensation Management genannt, stellt eine strategische Aufgabe des Personalmanagements dar und spiegelt die Vergütungspolitik des Unternehmens wider. Es umfasst Planung, Steuerung, Verwaltung und Weiterentwicklung der Vergütung und der Vergütungsstrukturen im Unternehmen. Die Vergütung gehört nach wie vor zu dem am häufigsten diskutierten Themenbereichen im

Personalmanagement. Die Diskussion um gerechte Bezahlung für geleistete Arbeit ist dabei immer ein hoch emotional besetztes Feld. Vergütung wird längst nicht mehr nur als reines Kostenmanagement betrachtet, vielmehr wird die Diskussion befördert, Vergütung und seine ergänzenden Bestandteile als ein strategisches Steuerungsinstrument zur Erreichung von Unternehmenszielen zu begreifen und entsprechend zu nutzen. Den Unternehmen stehen unterschiedlichste Möglichkeiten zur Verfügung, einen Arbeitsplatz über Vergütung und ergänzende Leistungen für Mitarbeiter attraktiv zu gestalten und über diese Leistungsgewährung eine zusätzliche Bindung aufzubauen. Ein daraus resultierendes positives Arbeitgeberimage befördert die Wahrnehmung auf dem Arbeitsmarktumfeld. Im Wettbewerb um adäquate Mitarbeiter kann die Gewährung von zusätzlichen freiwilligen Arbeitgeberleistungen den Unterschied zu anderen potenziellen Arbeitgebern ausmachen.

Ziel eines erfolgreichen Vergütungsmanagement ist demnach, das Unternehmen in seiner Konkurrenzfähigkeit zu unterstützen, indem es genutzt wird, leistungsstarke Mitarbeiter für das Unternehmen zu gewinnen, diese nachhaltig in ihrer Leistungsstärke zu motivieren und eine Bindung zum Unternehmen zu intensivieren. Anreizsysteme sollen dies unterstützen und verstärken. Drei zentrale Funktionsbereiche lassen sich unterscheiden: Motivationsfunktion, Selektionsfunktion, Kooperationsfunktion.

Die bereits vorhandenen Mitarbeitermotive sollen verstärkt werden und über die Gestaltung von Anreizsystemen mit den Unternehmenszielen in Einklang gebracht werden. Gewünschtes, positives Verhalten soll hierbei eine Belohnung erfahren, negatives Verhalten soll sanktioniert werden.

Über die Selektionsfunktion sollen die geeignetsten Mitarbeiter gewonnen werden und über eine intensive Bindung langfristig im Unternehmen gehalten werden. Eine Anreizgestaltung mit überdurchschnittlichen Verdienstmöglichkeiten bei entsprechender Leistung kann als Argument auf dem Arbeitsmarkt dazu führen, sehr gute Mitarbeiter trotz Abwerbung durch Mitbewerber zu halten und neue, gewünschte Mitarbeiter auf das eigene Unternehmen aufmerksam zu machen. Hierbei liegt die Selbstselektion durch Leistungsdifferenzierung darin, dass ungeeignete Mitarbeiter im Unternehmen erwarten müssen, weniger zu verdienen und leistungsstärkere Mitarbeiter auf einen Mehrverdienst setzen.

Für das Unternehmen als Gesamteinheit ist der Aspekt der Erhöhung der Kooperationsbereitschaft unter Anreizgesichtspunkten besonders wichtig. Es darf durch Anreizsysteme keinesfalls zu Ressortegoismen kommen.

Nicht nur die Leistung des Einzelnen gilt es zu honorieren, sondern die unternehmensweiten Interessen zu wahren. Lobt ein Unternehmen beispielsweise Gruppenboni aus, können unter den einzelnen Kollegen Wettbewerbssituationen entstehen, die den Unternehmen in seiner Gesamtheit eher schaden. Die Anreizsysteme müssen folglich so gestaltet sein, dass wechselseitige Abhängigkeiten transparent werden und Interdependenzen in den Handlungen der Akteure Berücksichtigung finden. Dafür ist es erforderlich, dass das Vergütungsmanagement in seiner Logik flexibel, handhabbar und transparent ist, um auch bei Mitarbeitern eine hohe Akzeptanz zu erfahren. Der Zusatznutzen für den Mitarbeiter muss erkennbar sein, da sonst keine Motivationseffekte hiervon ausgehen können. Und natürlich muss ein erfolgreiches Vergütungsmanagement für das Unternehmen auch finanzierbar sein.

Erfolgsbeteiligung

Individual- oder kollektivvertragliche Vereinbarung eines Arbeitgebers mit seinen Mitarbeitern, die additiv zum vertraglich oder tarifvertraglich festgesetzten Lohn regelmäßig einen Anteil am Erfolg des Unternehmens gewährt. Neben der Einkommenswirkung für den Mitarbeiter verfolgt die Erfolgsbeteiligung gesellschaftspolitische, sozialpolitische, personalpolitische, steuer- bzw. finanzierungspolitische Ziele für das Unternehmen.

Erfolgsbeteiligung kann orientiert sein am erzielten Gewinn, am Ertrag oder an der Leistung. Zu welcher Form eine Erfolgsbeteiligung erfolgt, ist abhängig von der Rechtsform sowie vertraglichen Abmachungen zwischen den Partnern.

Ergebnisbeteiligung

Beteiligung der Arbeitnehmer an dem durch ihre Mitarbeit erzielten Erfolg des Betriebes, wesentlicher Betriebsteile oder der Gesamtheit der Betriebe eines Unternehmens, z. B. aufgrund von Materialersparnissen, Verminderung des Ausschusses oder der Fehlzeiten, sorgfältiger Wartung der Arbeitsgeräte und Maschinen, Verbesserung der Arbeitsmethoden und der Qualität der Erzeugnisse sowie sonstiger Produktions- und Produktivitätssteigerungen. Der Erfolg ist nach betriebswirtschaftlichen Gesichtspunkten jeweils für bestimmte Berechnungszeiträume zu ermitteln; die Ergebnisbeteiligung vor deren Beginn zu vereinbaren. Der Arbeitgeber hat den beteiligten Arbeitnehmern auf Verlangen Auskunft über die Richtigkeit der Berechnung der Ergebnisse zu geben.

Erhaltungsfortbildung

Reaktivieren bzw. Auffrischen von beruflichem Wissen und beruflichen Fertigkeiten und Fähigkeiten, z. B. nach längerer Berufsuntätigkeit oder nach Rückkehr in ein alt angestammtes Aufgabengebiet. Teil der beruflichen Fortbildung und damit zumeist auf spezifische und aktuelle Anforderungen eines Berufes bzw. eines Arbeitsplatzes ausgerichtet. In der Regel findet die Erhaltungsfortbildung während der normalen Arbeitszeit statt und die Kosten werden vom Arbeitgeber übernommen.

Ertragsbeteiligung

Form der Erfolgsbeteiligung. Grundlage der Ertragsbeteiligung ist der buchhalterisch ermittelte Ertrag einer Rechnungsperiode. Bei der Ertragsbeteiligung wirken sich somit neben den Leistungseinflüssen auch die Einflüsse des Marktes aus. Je nach Beteiligungsbasis können unterschieden werden: Umsatzbeteiligung, Rohertragsbeteiligung, Nettoertragsbeteiligung, Wertschöpfungsbeteiligung.

Erwartungswert-Theorie

Valenz-Instrumentalitäts-Erwartungs-(VIE)-Theorie; Prozesstheorie der Motivation, die zu erklären beansprucht, wie die Motivation menschlichen Verhaltens zustande kommt. Dabei steht – im Gegensatz zu Inhaltstheorien der Motivation (Bedürfnishierarchie) – der prozessuale Charakter im Vordergrund. Wichtigste Vertreter der Erwartungswert-Theorien sind John W. Atkinson (1957) und Victor Harald Vroom (1964).

Grundgedanken

a) *Weg-Ziel-Gedanke:* Menschen werden diejenigen Wege einschlagen, von denen sie vermuten, dass sie zu einem als erstrebenswert erachteten Ziel führen.

b) *Idee der Gratifikation:* Menschliches Verhalten wird im Wesentlichen durch Belohnungen und Bestrafungen (positive und negative Gratifikationen) beeinflusst; eine hohe Leistungsbereitschaft entsteht immer dann, wenn die individuelle Erwartung besteht, ein bestimmtes Verhalten führe zu bestimmten Gratifikationen, und wenn außerdem diese Gratifikationen als wertvoll erachtet werden, d. h. positive Valenz besitzen.

Essenszuschuss

Vom Arbeitgeber gewährte Zuschüsse zur Verbilligung von Mahlzeiten für die Arbeitnehmer. Die Bewertung eines Essenszuschusses vom Arbeitgeber richtet sich nach amtlichen Sachbezugswerten, die in der sogenannten Sozialversicherungsentgeltverordnung (SvEV) festgesetzt werden. Dabei sind folgende Grundsätze zu beachten:

(1) Zahlt der Arbeitnehmer den Sachbezugswert selbst, entsteht kein steuerpflichtiger geldwerter Vorteil.

(2) Zahlt der Arbeitnehmer weniger als den Sachbezugswert, ermittelt sich der steuerpflichtige geldwerte Vorteil als die Differenz zwischen Sachbezugswert und Zuzahlung. (3) Zahlt der Arbeitnehmer nichts, entspricht der steuerpflichtige geldwerte Vorteil dem Sachbezugswert.

Damit ist der Essenszuschuss steuerfrei, wenn dieser direkt an die Kantine, Gaststätte etc. gegeben wird und der Kostenanteil des Arbeitnehmers mindestens so hoch ist wie der amtliche Sachbezugswert (2016: Mittag- bzw. Abendessen 3,10 Euro, Frühstück 1,67 Euro).

Das Gleiche gilt für *Essensmarken,* die für verbilligte Mahlzeiten an Arbeitnehmer ausgegeben werden.

Fachkenntnisse

Anforderungsart im Rahmen der Arbeitsbewertung; zentraler Bestandteil der Einstufungsmethodik des Entgelt-Rahmenabkommens (ERA) zwischen der Gewerkschaft IG Metall und dem Arbeitgeberverband Gesamtmetall. Sie beinhalten einerseits das Wissen um die berufs-/fachspezifischen Fachtermini und Methoden, sowie die berufs-/fachspezifischen Standards (Berufsethos), andererseits die Fähigkeit, berufs- oder fachtypische Aufgaben selbstständig bewältigen zu können. Fachkenntnisse können unter anderem erworben werden über

1. *Berufsausbildung:*

a) *Zweckausbildung:*

(1) Anweisung (bis ein Jahr): notwendigste Stoff- und Maschinenkenntnisse, bloßes Vertrautsein mit bestimmten Bewegungsabläufen;

(2) Anlernen (etwa 0,5 – 1,5 Jahre): regelmäßige, praktische und theoretische Anlernung, die begrenzte und genau umrissene Kenntnisse bezüglich Werkstoff und Betriebsmittel vermittelt;

(3) Anlernausbildung (etwa 1,5 – 2,5 Jahre): systematische Anlernung einer als Anlernberuf anerkannten Tätigkeit mit festgelegter Prüfungsordnung.

b) *Fachausbildung* (drei Jahre):

(1) abgeschlossene Handwerkslehre, sodass alle Arbeiten des Berufs fachgemäß ohne fremde Hilfe ausgeführt werden können;

(2) höchstes fachliches Können: besonders langjährige Berufserfahrung und Schulung durch umfassende Praxis und fundierte theoretische Kenntnisse.

2. *Hochschul- und Universitätsstudium.*

3. *Berufserfahrung:* Kenntnisse, die über die Zweck- und Fachausbildung bzw. über ein Studium hinaus durch praktische Tätigkeit im Berufszweig erworben werden.

4. *Fachspezifische Weiterbildung.*

Fachkompetenz

Fähigkeit, fachbezogenes und fachübergreifendes Wissen zu verknüpfen, zu vertiefen, kritisch zu prüfen sowie in Handlungszusammenhängen anzuwenden. Es handelt sich um rein fachliche Fertigkeiten und Kenntnisse, die in der Regel im Rahmen einer Ausbildung erworben und durch Fort- bzw. Weiterbildung erweitert werden. Gilt neben Sozialkompetenz und Methodenkompetenz als zentraler Bestandteil einer umfassenden Handlungskompetenz.

Fachkraft für Arbeitssicherheit

Die Fachkraft für Arbeitssicherheit (FAS, SiFa oder FASi) ist nach dem Arbeitssicherheitsgesetz (ASiG) ein betrieblicher Berater ohne Weisungsbefugnis, der den Arbeitgeber in allen Fragen des Arbeitsschutzes, der Unfallverhütung und der Arbeitssicherheit, einschließlich der menschengerechten Gestaltung der Arbeit, unterstützt. In Deutschland wird diese Person vom Arbeitgeber unter den gleichen Voraussetzungen wie ein Betriebsarzt schriftlich bestellt. Sie muss dabei die nachfolgenden Anforderungen erfüllen:

(1) Sie ist berechtigt, die Berufsbezeichnung Ingenieur zu führen oder sie hat einen Bachelor- oder Masterabschluss der Studienrichtung Ingenieurwissenschaften oder eine Prüfung als staatlich anerkannter Techniker oder Meister erworben. Mit Zustimmung des zuständigen Unfallversicherungsträgers und der jeweiligen staatlichen Arbeitsschutzbehörde können auch meisterähnliche Tätigkeiten sowie gleichwertige Qualifikationen in nichttechnischen Berufen anerkannt werden.

(2) Sie hat eine mindestens zweijährige praktische Tätigkeit in ihrem Berufsfeld ausgeübt.

(3) Sie hat einen Lehrgang zum Erwerb der sicherheitstechnischen Fachkunde erfolgreich abgeschlossen, welcher von Unfallversicherungsträgern, oder anderen anerkannten Veranstaltungsträgern, angeboten wird.

Rechtliche Regelung: Gesetz über Betriebsärzte, Sicherheitsingenieure und andere Fachkräfte für Arbeitssicherheit vom 12.12.1973 (BGBl. I 1885) m.spät.Änd.; die Deutsche Gesetzliche Unfallversicherung (DGUV) Vorschrift 2 vom 1. Januar 2011 enthält für Berufsgenossenschaften und Unfallversicherungsträger der öffentlichen Hand eine einheitliche und gleich lautende Vorgabe zur Konkretisierung des ASiG.

Fähigkeit

Geistige, praktische Anlage, die zu etwas befähigt. Voraussetzung, die neben der Motivation zur Leistungserbringung erforderlich ist (Leistung = Motivation · Fähigkeit). Fähigkeiten können sowohl angeboren *(Begabungen)* als auch erworben *(Fertigkeiten)* sein und variieren nach dem Grad ihrer Ausprägung von Person zu Person.

Die Feststellung von *Fähigkeitsunterschieden* zum Zwecke der individuellen Leistungsvorhersage ist Gegenstand der Eignungsdiagnostik.

Zentrale Merkmalsdimension zur Beschreibung von Handlungsmustern und Kompetenzclustern im Rahmen von Kompetenzmodellen bzw. des Kompetenzmanagements.

Fall-Methode

Case Method; betriebswirtschaftliche Ausbildungsmethode im Hochschulunterricht sowie bei der Aus- und Weiterbildung von Führungskräften (Personalentwicklung), entwickelt in den USA. Nutzung realer oder simulierter Situationen oder praktischer Beispiele aus der betrieblichen Praxis und deren Bearbeitung durch die Lernenden in Arbeitsgruppen zur Aneignung und Festigung von fachlichem, methodischem und sozialem Wissen und Können (Fokus Entscheidungsfindung). Eine *Weiterentwicklung* der Fall-Methode sind Unternehmensplanspiele.

Familienlohn

Bezeichnung für die Bemessung des Arbeitsentgeltes unter Berücksichtigung der Kopfzahl und des Alters der Familienmitglieder eines Arbeitnehmers, häufig in Form eines Zuschlags; vgl. Kindergeld, Familienzulage. Sonderform des Soziallohns.

Familienzulage

Erhöhung des Arbeitsentgelts aus wohlfahrts- oder bevölkerungspolitischen Motiven; im deutschen Sozialrecht seit 1.1.1955 berücksichtigt unter anderem durch das Kindergeld. Zuvor seit 1952 ähnliche Einrichtung im Bergbau, die aufgrund von Versuchen am Ende des vorigen Jahrhunderts erstmalig 1918 in Frankreich eingeführt worden war und später auch in Belgien und Großbritannien analog der franz. Gesetzgebung gesetzlich geregelt wurde. In Deutschland sind das Kindergeld, das Elterngeld und ElterngeldPlus, das Mutterschaftsgeld und der Kinderzuschlag inzwischen unter dem Begriff der Familienleistungen zusammengefasst.

Fehlzeiten

In Stunden oder Tagen gemessene Abwesenheit der Mitarbeiter vom Arbeitsplatz.

Arten:

(1) motivational bedingte Abwesenheit (Absentismus);

(2) krankheitsbedingte Abwesenheit;

(3) sonstige Abwesenheit aufgrund von Zusatzurlaub, Fortbildung etc.

Motivational bedingte Abwesenheit ist in der Regel ein Indikator für fehlende Arbeitszufriedenheit und für die Qualität der Personalführung.

Versuche zur Reduzierung bzw. Begrenzung der Fehlzeiten:

(1) Fehlzeitenbrief (Betonung der Notwendigkeit der Anwesenheit des Mitarbeiters und Appell an die Solidarität);

(2) Rückkehrgespräch (Aufdecken von die Abwesenheit beeinflussenden Schwachstellen im Unternehmen);

(3) motivational ansprechende Gestaltung der Arbeit als Fehlzeitenprophylaxe;

(4) Gesundheitsförderungsmaßnahmen zur Prävention von Erkrankungen;

(5) Betriebliches Eingliederungsmanagement (BEM) nach § 84 Abs. 2 SGB IX, bereits nach insgesamt mehr als 30 Fehltagen (Krankentagen)

innerhalb der vergangenen zwölf Monate nach längeren, krankheitsbedingten Abwesenheiten möglich.

Feiertagszuschlag

Zuschlag zum normalen Arbeitsentgelt, den der Arbeitnehmer dafür erhält, dass er an gesetzlichen Feiertagen arbeitet. Eine solche zusätzliche Zahlung ist gesetzlich nicht vorgeschrieben – siehe Entscheidung des *Bundesarbeitsgerichts vom 11.01.2006 (5 AZR 97/ 05; Aus § 11 Abs. 2 ArbZG)* – allerdings können Tarifvertrag oder Betriebsvereinbarung dies regeln. Die Höhe des Feiertagszuschlags kann bis zu 100 Prozent zum effektiven Lohn betragen; für Arbeit an hohen Feiertagen (Weihnachten, Ostern, Pfingsten, Neujahr und 1. Mai) bis zu 150 Prozent.

Lohnsteuerliche Behandlung: Feiertagszuschläge können bis zu 125 Prozent des Grundlohns steuerfrei sein, an den Weihnachtsfeiertagen und am 1. Mai bis zu 150 Prozent. Allerdings darf der maßgebliche Grundlohn max. mit 50 Euro pro Stunde angesetzt werden, auch wenn er tatsächlich höher sein sollte (§ 3b EStG).

Festgehaltsklausel

Eine Art Wertsicherungsklausel, bei der die vertragliche Vereinbarung über Geldsummenschulden zur Sicherung der Wertbeständigkeit nicht in einem nominellen Betrag, sondern bezogen auf das jeweilige Gehalt einer bestimmten Gehaltsgruppe ausgedrückt ist, z. B. „Zwei Monatsgehälter eines Beamten der Besoldungsgruppe B 6 im Zeitpunkt der Zahlung" etwa bei einer Rentenvereinbarung.

Festlohn

Vertraglich fixierter Grundlohn; heutzutage nicht mehr gebräuchlich.

Fluktuation

Englisch *employee turnover*; arbeitnehmerseitig initiierte Auflösung eines Arbeitsverhältnisses, erweitert um die natürliche Fluktuation beim Ausscheiden eines Mitarbeiters in den Ruhestand und im Falle des Ablebens.

In konjunkturell günstigen Zeiten werden ansteigende, beim Anwachsen der Arbeitslosenquote sinkende Fluktuationsraten beobachtet. Bei einer rückläufigen betrieblichen Kapazitätsauslastung kann die Fluktuation verbunden mit einem Einstellungsstopp den quantitativen Abbau der Personalkapazität erleichtern und Maßnahmen der Personalanpassung, vor allem betriebsbedingte Kündigungen, vermeiden helfen.

Mögliche Ursachen:

(1) überbetriebliche: schwindende Attraktivität der Branche, Region, öffentlichen Infrastruktur etc.;

(2) betriebliche: kündigt ein Arbeitnehmer sein Beschäftigungsverhältnis in den ersten 12 Monaten, wird dies häufig mit Unzulänglichkeiten bei der Personalauswahl und im Einarbeitungsprozess begründet; bei einem länger bestehenden Beschäftigungsverhältnis werden vor allem die Unzufriedenheit mit Arbeitsinhalten, der Arbeitszeit, der Entlohnung, den Entwicklungsmöglichkeiten genannt und eine unbefriedigende Zusammenarbeit mit Arbeitskollegen und/oder der Führungskraft;

(3) persönliche: z. B. Umzug der Familie, Pflege von Angehörigen oder Änderungen in der persönlichen Lebensplanung.

Fluktuationsrate/-quote: Mitarbeiterseitige Abgänge im Verhältnis zum durchschnittlichen Personalbestand (BDA Formel).

Eine *Fluktuationsanalyse,* etwa mittels Personalabgangsgesprächen, ist hilfreich, um die Gründe und Motive einer arbeitnehmerseitig initiierten Kündigung zu ermitteln. Aus den Analyseergebnissen können im Bedarfsfall zielgerichtet Folgemaßnahmen abgeleitet werden, um eine aus betrieblicher Sicht ungewollte Fluktuation zu begrenzen.

Eine *Fluktuationsstatistik* liefert *unter anderem* Daten für das Personalkapazitätsmanagement.

Fortbildung

Fortbildung ist neben der Berufsausbildungsvorbereitung, der Berufsausbildung und der beruflichen Umschulung ein Teilbereich der Berufsbildung.

Sie zielt im engeren Sinne auf jene Qualifikationen, die bereits in einem Ausbildungsberuf erworben wurden (§ 1 Berufsbildungsgesetz, BBiG); andernfalls ist weiter gefasst von Weiterbildung oder Umschulungen bzw. von Lebenslangem Lernen und Erhalt der Employability (Beschäftigungsfähigkeit) die Rede. Die im Rahmen einer Fortbildung erworbenen Qualifikationen werden meist mittels Prüfungen nachgewiesen, die etwa von Industrie- und Handelskammern, Handwerkskammern, Hochschulen oder Berufsverbänden abgenommen werden. Einige Fortbildungen sind durch bundesweit gültige Rechtsverordnungen geregelt, die von den jeweils zuständigen Institutionen erlassen werden. Eine besondere Form der Fortbildung stellen die Unterweisungen dar, wie beispielsweise die sogenannten Sicherheitsunterweisungen nach § 12 Abs. 1, 2 Arbeitsschutzgesetz (ArbSchG).

Freelancer

Angelsächsische Bezeichnung für freiberuflich Tätige; in der Regel Personen, die von mehreren Kundenunternehmen Aufträge erhalten, hierbei aber nicht wie ein Arbeitnehmer in das Unternehmen des Auftraggebers eingegliedert und auch nicht weisungsgebunden sind.

Im Gegensatz dazu bezieht sich der Begriff Freiberufler nicht auf die Art eines Beschäftigungsverhältnisses, sondern ist die Sammelbezeichnung für ganz bestimmte Berufsgruppen, die sogenannten Freien Berufe, die im Einkommensteuergesetz § 18 EStG benannt sind, wie etwa Ärzte, Architekten, Psychologen, Rechtsanwälte, Notare usw.

Freistellung

Maßnahme des Arbeitgebers, widerruflich oder unwiderruflich auf die Arbeitsleistung des Arbeitnehmers zu verzichten. Die Pflicht zur Fortzahlung der vereinbarten Vergütung bleibt bestehen, da der Arbeitgeber grundsätzlich verpflichtet ist, den Arbeitnehmer gemäß dem bestehenden Arbeitsverhältnis zu beschäftigen, gegebenenfalls auch nach einer Kündigung. Dieser Anspruch kann ausnahmsweise bei berechtigten Interessen des Arbeitgebers entfallen oder wenn der Arbeitnehmer auf seinen Anspruch verzichtet. Daneben kann der Arbeitnehmer in einigen gesetzlich geregelten Fällen eine bezahlte Freistellung von der Arbeit verlangen, etwa beim Urlaubsanspruch und eine unbezahlte Freistellung gemäß § 3 Pflegezeitgesetz (PflegZG).

Freizeit

Zeit außerhalb der Arbeitszeit, über deren Nutzung der Einzelne selbst (frei) entscheiden kann. Im Arbeitszeitgesetzt (ArbZG), § 5 Ruhezeit ist festgehalten, dass Arbeitnehmer nach Beendigung der täglichen Arbeitszeit eine ununterbrochene Ruhezeit von mindestens elf Stunden haben müssen. Freizeit ist insoweit auch als Ruhezeit zu begreifen, in der sich der Arbeitnehmer regenerieren können soll.

Führer

1. *Führungskraft, formeller Führer:* Leiter einer Gruppe, der seine Autorität und Kompetenz aus seiner hierarchischen Position bezieht (ernannte Führung). Inwieweit die Führungskraft hierbei Einfluss auf das Leistungsverhalten der Gruppe nehmen kann, ist dabei Ergebnis der wechselseitigen, bidirektionalen Verhaltensbeeinflussung zwischen Führer und Geführten (Interaktionstheorie der Führung). Der Interaktion, dem Austausch von Tätigkeiten bzw. Ressourcen zwischen Führer und Geführten liegen dabei formale und individuelle Erwartungen zugrunde. Arbeitsbeziehungen können somit als wechselseitiger Austausch von ökonomischen und sozialen Transaktionen beschrieben werden. Aufgrund der hierarchischen bzw. formalen Statusunterschiede zwischen Führungspersonen und Mitarbeitern können erstere sowohl über formelle und als auch über informelle Ressourcen versuchen, auf das Verhalten ihrer Mitarbeiter Einfluss zu nehmen. Formelle organisationale Ressourcen sind Belohnungen, wie Geld, Ausstattung mit Betriebsmitteln, exklusive Informationen, oder Sanktionen, wie Abmahnung oder Aufschieben einer Gehaltsanpassung. Informelle, besondere bzw. persönliche Belohnungen sind beispielsweise die Empfehlung zur Beförderung, Aufgaben mit erhöhter Visibility und Freundschaft.

Persönliche Sanktionen des Vorgesetzten können sein: Zuweisung von Routineaufgaben, Kritisieren in der Öffentlichkeit oder strengere Überwachung. Georg B. Graen und Julio C. Canedo (2016) heben in diesem Zusammenhang in ihrer *Leader Member Exchange Theory (LMX)* unter anderem hervor, dass sich zwischen Führungspersonen und ihren Mitarbeiten differenzierte und unterschiedlich stabile dyadische Strukturen herausbilden.

Hierbei unterscheiden sie zwischen sehr reifen Austauschbeziehungen, in denen diese gegenseitige Einflussmöglichkeiten, Respekt und Vertrauen sowie Sympathie erfahren. Daneben gibt es Austauschbeziehungen auf sehr niedrigem Niveau, die sich lediglich an den formalen, vertraglich fixierten Austauschbedingungen orientieren.

2. *Informeller Führer:* Faktischer Leiter einer Gruppe. Er nimmt die Führungsrolle aufgrund gruppenspezifischer Rollenverteilung ein. Die Autorität der informellen Führungskraft resultiert überwiegend aus der Zuschreibung und Wahrnehmung der aktuellen Gruppennorm als persönliche Eigenschaft der Führungsperson. Beispielsweise lassen sich gemäß der *Impliziten Führungstheorie* von Lord/Maher (1991) Mitarbeiter eher durch solche Personen führen, die sie als Führungskraft wahrnehmen oder anerkennen. Das heißt, Mitarbeiter lassen sich von Führungspersonen dann führen, wenn letztere in etwa auch den Vorstellungen entsprechen, die Mitarbeiter prototypisch von einer Führungskraft haben (fundamentaler Attributionsfehler). Diese Zuschreibung beruht auf kognitiven Verarbeitungsmechanismen, wie sie im Zusammenhang mit der Charismatischen Führung und der Attributionstheorie erörtert werden.

Führung

Durch Interaktion vermittelte Ausrichtung des Handelns von Individuen und Gruppen auf die Verwirklichung vorgegebener Ziele; beinhaltet asymmetrische soziale Beziehungen der Über- und Unterordnung. Das Wechselspiel aus legitimierter Machtausübung (Herrschaft) und Unterwerfung bzw. Hierarchie, als Beziehung zwischen Führer und Geführten, sind Kennzeichen sozialer Gemeinschaften. Die Ausübung von Führung bedient dabei unterschiedliche Funktionen, etwa kann sie den Geführten Sicherheit und Orientierung vermitteln. In arbeitsteiligen Organisationen haben Führungsbeziehungen darüber hinaus unter anderem den Zweck, Koordination und Zielerreichung zu befördern.

Neben der Orientierung auf die Erreichung von Zielen durch Individuen und Gruppen in Organisationen, Unternehmen, Betrieben etc. bestehen Führungsfunktionen in der Motivation der Mitarbeiter und in der Sicherung des Gruppenzusammenhalts.

Führung wird allgemein als *psychologische und soziale Fähigkeit einer Person im Umgang mit Menschen* betrachtet. Neben Persönlichkeitseigenschaften der Führungskraft haben weitere Faktoren wie die fachliche Autorität, die situativen Bedingungen, der Einsatz von Führungstechniken und die sozialen Beziehungen eine entscheidende Bedeutung für eine erfolgreiche Führung, die dadurch zu einem komplexen sozialen Prozess wird.

Führungskompetenz ist durch die formelle Organisation definiert und abgegrenzt *(formelle Führung)*. In Arbeitsgruppen kann sich eine *informelle Führung* herausbilden; diese erfolgt durch Mitarbeiter ohne formelle Führungsposition, die aufgrund ihrer Persönlichkeit, Fachkompetenz und Erfahrung besonders geachtet werden und daher Einfluss ausüben.

Führungseigenschaften

Angeborene und somit nicht erlernbare, stabile und situationsunabhängige Eigenschaften, die eine Führungsperson von ihren Mitarbeitern unterscheiden und die mit wirtschaftlichen Erfolgsgrößen, wie Gewinn, Rentabilität usw. korrelieren. In frühen eigenschaftstheoretischen Studien sind dies biographische Eigenschaften und kognitive Fähigkeiten, die relevant erscheinen für den Erfolg als Führungskraft. In späteren Studien werden die Messgrößen für Führungserfolg ergänzt um definierte, aufgabenbezogene Zielgrößen, wie das Einhalten von Zeit- und Budgetvorgaben, und um soziale Kriterien, wie Arbeitszufriedenheit, Fluktuation oder Absentismus. Die untersuchten Persönlichkeitsmerkmale von Führungskräften erweitern sich um aufgabenbezogene und beziehungsbezogene Eigenschaften. Demnach zeichnen unter anderem die nachfolgenden Eigenschaften erfolgreiche Führungskräfte aus:

Physische Merkmale nach der Great Man Theory sind unter anderem Alter, Geschlecht, Größe, Statur, Stärke, Gewicht, Erziehung, Gesundheit oder Konstitution.

Kognitive Fähigkeiten sind unter anderem Intelligenz und schulische Leistungen.

Aufgabenbezogene Eigenschaften sind unter anderem Belastbarkeit, Durchhaltevermögen, Gewissenhaftigkeit und Frustrationstoleranz.

Beziehungsbezogene, interpersonelle Eigenschaften sind unter anderem Intra-/Extraversion, Selbstvertrauen, Integrität, Verträglichkeit oder Dominanz, Befähigung zur Situationsdiagnostik und Verhaltensflexibilität.

Festzuhalten ist, dass Führungseigenschaften über Gruppen von Merkmalen beschrieben werden können. Diese Merkmalsgruppen sind auch bei erfolgreichen Führungskräften festzustellen. Die Korrelation zwischen diesen Merkmalen und dem Führungserfolg ist jedoch nur schwach positiv und streut von Untersuchung zu Untersuchung. Als alleinige Erklärung für Führungserfolg sind sie somit nicht geeignet. Allerdings sprechen neuere Untersuchungen dafür, dass wir Menschen evolutionär angelegte Merkmalsmuster mit Führungseigenschaften in Verbindung bringen.

Führungsgrundsätze

Grundsätze der Zusammenarbeit, Führungsleitsätze, Führungsrichtlinien. Führungsgrundsätze sind generelle Verhaltensempfehlungen für das Zusammenleben und -arbeiten von Menschen in Unternehmungen. Sie sollen eine einheitliche Grundlage für das unternehmensweit gewünschte Führungsverhalten schaffen (Normierung der Führungsbeziehungen). Im Einzelnen haben Führungsgrundsätze eine

(1) Steuerungsfunktion,

(2) Standardisierungsfunktion,

(3) Entlastungsfunktion,

(4) Orientierungsfunktion,

(5) Harmonisierungsfunktion,

(6) Legitimationsfunktion,

(7) Public Relations-Funktion.

Die einzelnen Grundsätze betreffen besonders Zielvereinbarung, Delegation und Information; Kommunikation und Kooperation; Kontrolle und Mitarbeiterbeurteilung; Partizipation und Motivation, Anerkennung und Kritik sowie Mitarbeiterförderung. Führungsgrundsätze sind also Grundregeln, die als Orientierungsrahmen dienen und gleichermaßen für Führungskräfte und Mitarbeiter gelten. Sie sind bedeutsamer Eckpunkt im Grundkonzept der Unternehmensphilosophie, insoweit ist bei eine inhaltliche Abstimmung mit dem Unternehmensleitbild erforderlich. Abgeleitet aus den Mitbestimmungsrecht des § 87 Abs. 1 Nr. 1 BetrVG sind Führungsgrundsätze im Einvernehmen mit der Mitarbeitervertretung zu entwickeln und einzuführen.

Führungshierarchie

1. *Begriff:* Die Hierarchie der Handlungsträger mit Weisungsbefugnis (Entscheidungshierarchie).

2. *Stufen (Managementebenen, Führungsebenen):* Top Management, Middle Management, Lower Management. Es handelt sich dabei um eine verbreitete, infolge uneinheitlicher Grenzziehungen und situativer Abhängigkeiten aber nur bedingt aussagekräftige Einteilung. Während bei einer zumindest dreistufigen Führungshierarchie das Top- und das Lower Management mit der obersten und der untersten Führungsebene gleichgesetzt werden können, umfasst der Bereich des Middle Management je nach der Leitungstiefe der Führungshierarchie eine oder mehrere Führungsebenen.

3. *Bezeichnung von Handlungsträgern* in Abhängigkeit von ihrer Einordnung in der Führungshierarchie z. B. als Abteilungsleiter, Hauptabteilungsleiter, Bereichs- oder Divisionsleiter bis hin zur Geschäftsführung bzw. zum Vorstandsvorsitzenden (CEO, Generaldirektor).

Führungskräfte

Personen mit Personal- und Sachverantwortung. Können aufgrund ihrer Stellung in der Hierarchie Einfluss auf operative Leistungserstellungsprozesse (Performanz Management) und auf die strategische Unternehmensentwicklung nehmen.

Führungskräfteentwicklung

Teilbereich der Personalentwicklung mit dem Ziel, den aktuellen und zukünftigen Bedarf an entsprechend qualifizierten Führungskräften abzudecken.

I. Aufgaben einer Führungskraft

Die Aufgaben einer Führungskraft im Rahmen der Führung lassen sich in zwei wesentliche Bereiche unterteilen: zum einen in die klassischen *funktionsorientierten Aufgaben* und zum anderen in die *personenorientierten Führungstätigkeiten*. Zu den funktionsbezogenen Aufgaben zählen jene Tätigkeiten, die eine Führungskraft im Rahmen ihrer unternehmerischen Verantwortung zu erfüllen hat. Hierunter fallen insbesondere jene typischen Managementaufgaben, z. B. planen, umsetzen, steuern, delegieren und kontrollieren, die die klassische Managementlehre beschreibt. In diesem Zusammenhang wird von Führungskräften (Managern) ein ganzheitliches, vernetztes und unternehmerisches Denken und Handeln erwartet. Ebenso sollen sie die unternehmensinternen Zusammenhänge erkennen und verstehen können. Hierzu zählen etwa Beziehungsnetzwerke, aber auch mikro- und unternehmenspolitische Strömungen. Notwendig ist dies, um den operativen und strategisch relevanten Anfragen des Unternehmensalltages gerecht zu werden. Die personenorientierte Führungstätigkeit ist eng verbunden mit der Persönlichkeit der Führungsperson und umfasst deren zweckgerichtetes Verhalten gegenüber ihren Mitarbeitern, unter anderem mit dem Ziel, deren Leistungsmotivation zu erhalten und um deren Leistungsergebnisse sicher zu stellen. Dazu gehören beispielsweise Interaktions- und Kommunikationsprozesse, Wertschätzung zeigen, oder auch der Umgang mit Emotionen und Konflikten im beruflichen Alltag, oder in Veränderungsprozessen.

II. Führungskräfteentwicklung als Teil der Potential- und Leistungsträgerentwicklung

Organisationen können ihre Potential- und Leistungsträgerentwicklung in drei Stoßrichtungen designen: in Form von Hierarchieebenen, in Form von voneinander abgrenzbaren funktionalen und prozessualen Managementfunktionen, Abteilungen und in Form von Kernkompetenzfeldern. Aus diesen Überlegungen ergeben sich für die Ausgestaltung eines Potential- und Leistungsträgerentwicklungskonzeptes unter anderem die nachfolgenden zehn Leitfragen:

1. Welche Kompetenzfelder/Unternehmensfunktionen sind im Entwicklungskonzept zwingend zu berücksichtigen?

2. Wie viele Ausprägungsstufen je Kompetenzfeld/Unternehmensfunktion sind zu unterscheiden?

3. Welche Karriere- und Entwicklungswege sind mit Blick auf die Unternehmensstrategie empfehlenswert?

4. Wie wollen wir die Nachfolgeplanung in den jeweiligen Potential- und Leistungsträgerfunktionen ausgestalten?

5. Welche Auswahlkriterien und welche(s) Auswahlverfahren wollen wir bei der Besetzung der jeweiligen Potential- und Leistungsträgerfunktion zur Anwendung bringen?

6. Wie häufig bzw. aus welchem Anlass wird die Person, die eine Potential- und Leistungsträgerfunktion besetzt, hinsichtlich ihres tatsächlichen Leistungsbeitrages (Grad der Erfüllung der Leistungserwartung an die Funktion) und hinsichtlich etwaiger weiterer „Verwendungsmöglichkeiten" (Entwicklungspotentiale) evaluiert?

7. Wie häufig bzw. aus welchem Anlass wird der Verbleib oder die Hinzunahme eines Kompetenzfeldes bzw. einer Unternehmensfunktion im Entwicklungskonzept verifiziert?

8. Wie stellen wir eine Vergleichbarkeit zwischen den Ausprägungsstufen je Kompetenzfeld/Unternehmensfunktion im Entwicklungskonzept her? Anhand welcher Kriterien wird deren Wertigkeit („grade") in Relation zueinander abgegrenzt und wie häufig bzw. aus welchem Anlass evaluiert?

9. Wie werden die monetären und nicht-monetären Anreizsysteme in Bezug zur Wertigkeit des/r jeweiligen Kompetenzfeldes/Unternehmensfunktion ausgestaltet?

10. Wie werden die Kompetenzträger/Funktionsträger bei der Übernahme einer definierten Position unterstützt bzw. darauf vorbereitet (z.B. über Mentoren, Paten, Coaches, Qualifikationsprogramme)?

III. Vorbereitung, Unterstützung und Entwicklung der Potenzial- und Leistungsträger

Potenzial- und Leistungsträger sollten rechtzeitig auf weiterführende Aufgaben vorbereitet werden, um so einerseits vakante Managementpositionen möglichst intern – aus den „eigenen Reihen" – besetzen zu können. Andererseits erhöht sich hierdurch die Wahrscheinlichkeit, dass der Kandidat/die Kandidatin erfolgreich in die neu übernommene Stelle startet. Darüber hinaus sollten Leistungs- und Potentialträger auch während der Ausübung einer Funktion auf unterschiedliche Qualifizierungs- und Unterstützungskonzepte zurückgreifen können, um regelmäßig an der Erweiterung und Vertiefung ihrer strategisch-konzeptionellen, sowie methodischen, sozialen und persönlichen Kompetenzen zu arbeiten. Die diesbezüglichen Erfordernisse belegen immer wieder auch empirische Studien. Je nach Zielgruppe und damit Führungshierarchie unterscheiden sich die Entwicklungsprogramme bzw. -maßnahmen. Diese sollten im Zusammenspiel zwischen Unternehmensleitung, der Personalabteilung bzw. Personalentwicklung und erfahrenen Führungskräften, gegebenenfalls unter Einbindung unternehmensexterner Dienstleiter (Managed Training Services und/oder Consulting), konzipiert werden. In den konkreten Umsetzungsprozess sollten dann auch die Teilnehmenden mit einbezogen werden.

Bewährte Leitlinien für Leadership-Programme in der Praxis sind:

(1) Erlebnisorientierte Lernformen;

(2) Institutionalisierte Feedback-Kultur;

(3) nachhaltiger Transfer in den Arbeitsalltag.

Führungslehre

1. *Begriff:* Lehre, die auf die Darstellung aller zum Verständnis des Führungsprozesses erforderlichen Tatbestände zielt. Als Basis bedarf die Führungslehre einer theoretischen Gründung.

2. Die Führungslehre stellt menschliches Handeln in den Zusammenhang von Aufgabe, Gruppenumwelt und Organisation. Dabei ist stets ein spezifisches Bild vom Menschen die Grundlage der Verhaltenserklärung und damit der Führung. Etwa unterstellen die ökonomischen Ansätze, dass

Menschen sich an ihrem Eigennutz orientieren, daher könne deren Verhalten insbesondere über finanzielle Anreize gefördert und durch rechtliche Sanktionen eingeschränkt werden. Vielfältigen Ansätze und Fragen zum Verhalten von Menschen in Organisationen sind auch unter dem Begriff *Organizational Behaviour* zusammengefasst. Dabei werden drei Wirkebenen unterschieden, anhand derer die Bedingungen des *Verhaltens in Organisationen* und die daraus resultierenden Anforderungen an Führung diskutiert werden.

(1) Das Verhalten von Menschen hängt zum einen von ihrer individuellen und damit *interpersonalen Verfasstheit* ab. Von Bedeutung sind etwa ihre Persönlichkeit und ihre Eigenschaften, Fähigkeiten und Fertigkeiten, aber auch ihre Einstellungen zur Arbeit in Form von Arbeitszufriedenheit. Einfluss nehmen zudem Prozesse der Motivation und der Emotion, der Wahrnehmung, des Lernens, des Denkens, oder auch der Umgang mit Stress.

(2) Zum anderen ist das Verhalten von Personen durch zwischenmenschliche, also *interpersonale Beziehungen* geprägt. Diese beinhalten die Zusammenarbeit sowohl mit einzelnen Kollegen und Führungskräften, als auch die Einbindung in Gruppen. Zwischen Personen wirken unter anderem Prozesse des Vertrauens, der Kommunikation, der Macht, es geht um Konflikte, um zugewiesene Rollen, um Mikropolitik und um die Dynamik in und zwischen Gruppen.

(3) Bei den *apersonalen Faktoren*, die unabhängig von Personen wirken, geht es unter anderem um die Frage, welchen Einfluss die organisationalen und sozialen Strukturen, Prozesse, Technologien und formalen Regelungen auf das Verhalten von Menschen haben. Hierzu zählen auch die generelle Kultur der Organisation und ihre Lernkultur im Speziellen, sowie die Prozesse des Transformationsmanagements und das Betriebsklima. Weiterhin zu nennen sind die Arbeitsaufgaben und Planvorgaben, die die Mitarbeiter zu erfüllen haben und die Gestaltung der Arbeitsumgebung.

3. Die *konkrete Entwicklung* der Führungslehre reicht von der Institutionenökonomik, den rationalen Ansätzen in der Scientific-Management-Lehre, den Ansätzen des Organizational Behaviour, Ansätzen aus der Berufspädagogik, Lernpsychologie, Sozialpsychologie, Organisationssoziologie und -psycholo-

gie, Arbeits-/Personalpsychologie, sowie der Arbeitswissenschaften, bis hin zu Ansätzen, die vom Menschenbild der modernen Management-Konzepte geprägt sind, unter anderem Lean Production, KAIZEN, Business Reengineering, Six Sigma, Customer Relationship Management, Total Quality Management, Digitalisierung (Digital Leadership).

Führungssituation

Kontextuelle Rahmenbedingungen, unter denen sich Führung vollzieht. Die Führungssituation umfasst alle sachlichen, strukturellen und sozialen Bedingungen, die für das Führungsverhalten zu einem gegebenen Zeitpunkt von Bedeutung sind. Abgrenzen lassen sich *primäre Situationsfaktoren*, die innerhalb einer Organisation bestehen, wie etwa die Organisationskultur, das Ziel- und Konsequenzensystem, explizite und implizite Führungsleitsätze, die Gruppenstruktur, die Aufgabenstellung, die Bedürfnisse und Einstellungen der Gruppenmitglieder, die Erwartungen fremder Gruppen, der institutionelle Rahmen etc. Sekundäre Situationsfaktoren wirken von außerhalb der Organisation ein, wie etwa rechtliche und marktbezogene Gegebenheiten und landeskulturelle Besonderheiten. Vielfältige führungstheoretische Ansätze gehen daher davon aus, dass Führungsverhalten und Führungserfolg auch an den Kontext gebunden sind, in dem Führung stattfindet. Insbesondere die Situationstheorien der Führung stellen diesen Aspekt in den Vordergrund ihrer Argumentation. Situatives Führen meint dabei nicht, beliebiges Führungsverhalten, also mal so, oder ein anderes Mal anders. Es geht vielmehr darum, Führungskräfte dafür zu sensibilisieren, ihr Verhalten auch an Situationsparametern auszurichten. Welche situativen Variablen im Führungsprozess bedeutsam sind, zeigen z. B. der Weg-Ziel-Ansatz der Führung von Martin Evans (1970) und Robert House (1971), das Entscheidungsmodell von Victor Vroom und Philip Yetton (1973), die Kontingenztheorie der Führung nach Fred Fiedler (1967), oder die Substitutionstheorie von Steven Kerr und John Jermier (1978).

Führungsstil

1. *Begriff*: Typische Art und Weise des Verhaltens von Vorgesetzten gegenüber einzelnen Mitarbeitern und Gruppen von Mitarbeiten. Führungs-

stile sind damit als zeitlich überdauernde und wiederkehrende Muster von Führungsverhalten zu begreifen, die situativ in sich konsistent sind.

2. *Arten:* Als verhaltenstheoretische Führungskonzepte unterscheiden sie unterschiedliche Ausprägungen bzw. Kategorien des Führungsverhaltens und spiegeln diese dann am jeweils bewirkten Führungserfolg. Ziel ist, Aussagen über die Effizienz von Führungsstilen, also von Verhaltensmustern zu treffen. Ab Ende der 1930er-Jahre wurden vielfältige Studien zum Führungsverhalten durchgeführt. Der Vorteil der Betrachtung von Führungsverhalten liegt darin, dass dieses über eine „objektivierbare" Beobachtung messbar ist. Außerdem begründet die verhaltenstheoretische Perspektive die Annahme, dass erfolgreiches Verhalten erlern- und trainierbar ist. Die ersten Untersuchungen haben auf einem eindimensionalen Führungsstil-Kontinuum aufgesetzt. Ausgehend von den an der Iowa-University von Kurt Lewin und seinem Team (1939) geleisteten Vorarbeiten haben Rensis Likert (1949/1961), Daniel Katz und Robert Kahn (1952) in den sogenannten Michigan-Studien und Robert Tannenbaum und Warren Schmidt (1958) ihre Modelle entwickelt. Auf Lewin beispielsweise geht die Unterteilung demokratischer Führungsstil (Führungskraft beteiligt die Geführten aktiv an Entscheidungen), autoritärer Führungsstil (Führung in unumschränkter Selbstherrschaft ohne Berücksichtigung der Geführten) und Laissez-faire Führungsstil (Führungskraft lässt die Geführten weitgehend bei allem gewähren) zurück. Die zweidimensionale Systematisierung alternativer Führungsstile liegt unter anderem der Ohio-Studie von Edwin Fleishmann (1953) und dem Verhaltensgitter von Robert Blake und Jane Mouton (1964) zugrunde. Die multikategoriellen Klassifikationen alternativen Führungsverhaltens basieren meist auf dreidimensionale Taxonomien. Hierzu zählen das Reifegrad-Modell von Paul Hersey und Ken Blanchard (1982) und der 3D-Ansatz von William Reddin (1977), aber auch die Führungstaktiken von Gary Yukl und Bruce Tracey (1992), die das Zusammenspiel von Aufgaben-, Beziehungs- und Wandlungsorientierung in das Zentrum ihrer Analysen stellen.

3. *Beurteilung:* Zentrale Kritikpunkte an den frühen Führungsstilmodellen sind, dass sie einerseits schablonenartige, zum Teil normative Verhaltensmuster transportieren und andererseits den Führungsprozess als solchen vernachlässigen und damit auch weitere bedeutsame Komponenten. Sie seien zu idealtypisch und schlicht, um die Komplexität des Führungsalltags adäquat abzubilden. Modifikationen und Mischungen von Führungs-

stilen entstehen durch die Persönlichkeit des Vorgesetzten und die Stärke seiner Positionsmacht, durch die situativen Bedingungen (Führungssituation), in denen geführt wird, sowie durch die Ansprüche, Qualifikationen, Erfahrungen und Kompetenzen der Mitarbeiter und die Art der sozialen Beziehungen in der Gruppe.

Neben der Führungssituation sind die Ausprägungen der Kompetenz und des Engagements der Mitarbeiter damit ausschlaggebend für die Anwendung unterschiedlicher Führungsstile. Diese Argumente finden in der neueren verhaltensorientierten Führungsforschung ihren Niederschlag, ebenso in situativen, transaktions- und transformationsorientierten Führungsmodellen.

Führungstechniken

Handlungsempfehlungen zur Gestaltung von Führungssituationen und zum Führen von Mitarbeitern in Organisationen. Es soll aufgezeigt werden, wie direkte Personalführung zu gestalten ist, um deren Zielstellung zu verwirklichen, nämlich die Arbeitsleistung der Mitarbeiter zu beeinflussen und Unternehmensziele zu verwirklichen. Einerseits werden Mechanismen der Personalführung beschrieben (*deskriptive Funk-*

Der Führungskreislauf –
Das Handwerk des Führens

1. Visionen und Gesamtziele entwickeln und in Strategien übersetzen

2. Ziele mit Mitarbeitenden und Teams vereinbaren

6. Feedback geben - Konsequenzen ziehen entscheiden

Führung als Arbeit **im** System

3. Verantwortung delegieren - organisieren

5. Leistung kontrollieren - Soll und Ist abgleichen

4. Realisierung der Ziele begleiten - Mitarbeitende und Teams coachen und fördern

tion), die in der betrieblichen Praxis angewendet werden. Andererseits enthalten Führungstechniken Empfehlungen, wie Führung in Organisationen gestaltet werden sollte (*normative Funktion*). Führungstechniken werden im Rahmen unterschiedlicher Führungsstile und allgemeiner Managementtechniken wie Management by Objectives als Führungsmittel in unterschiedlicher Ausformung angewendet. Der Führungskreislauf verweist auf typische Führungsanlässe (siehe Abb. „Der Führungskreislauf").

Führungstheorien

Aussagensysteme zur Erklärung von Führungserfolg. Es können fünf wesentliche Entwicklungslinien führungstheoretischer Ansätze unterschieden werden.

Führungstheorien				
Klassische Forschungsansätze der Mitarbeiterführung			Neuere Forschungsansätze der Mitarbeiterführung	
Eigenschafts-theorien	Verhaltens-theorien	Situations-theorien	Evolutions-/ Transforma-tionstheorien	Interaktions-theorien
– Charismatische Führung – Attributions-theorie	– Führungsstile nach Lewin – Führungsstilkontinuum Tannenbaum/Schmidt – Michigan-Studien – Ohio-Studien – Verhaltensgitter – 3 D-Programm – Reifegrad-Modelle – Einflusstaktiken – einstellungsorientierte Ansätze	– Entscheidungsmodell – Kontingenzmodell – Weg-Ziel-Theorie – Substitutionstheorie – Implizite Führungstheorie	– lebenszyklusorientierte Konzepte – biologisch-evolutionäre Konzepte – teleologisch orientierte Konzepte – dialektische Konzepte	– iterative Rollenentwicklung – Entwicklungszklen der Beziehungsreife – LMX-Modell

Die eigenschafts-, verhaltens- und situationstheoretischen Führungskonzeptionen gelten in diesem Zusammenhang als klassische Ansätze der Mitarbeiterführung. Die interaktions- und evolutions-/transformationstheoretischen Führungskonzeptionen werden als neuere Ansätze der Mitarbeiterführung bezeichnet (siehe Tabelle „Führungstheorien").

Eigenschaftstheorien erklären den Führungserfolg mit Persönlichkeitsmerkmalen von Führungskräften, wohingegen Verhaltenstheorien deren Verhalten gegenüber Mitarbeitern in den Mittelpunkt ihrer Überlegungen stellen (beispielsweise Theorie des Reifegrades; Managerial Grid; Führungsstile; Führungsverhalten). Die Situativen Ansätze wiederum knüpfen an der apersonalen Verhaltenssteuerung an. Sie verweisen darauf, dass die Effektivität von Führungseigenschaften und Führungsverhalten im hohen Maße situativ bedingt ist, also vom Kontext abhängig ist, in dem Führung stattfindet (Situationstheorien der Führung).

In der Weiterentwicklung der eigenschafts-, verhaltens- und situationstheoretischen Führungskonzeptionen abstrahieren die Interaktionstheorien von der Führungskraft und deren Eigenschaften, Verhaltensweisen und situativen Einbindung. Vielmehr fokussieren sie auf die Interaktionsbeziehungen der Führungsperson etwa mit direkten Mitarbeitern, Kollegen, Vorgesetzten, Kunden und Interessensgruppen. Die Interaktionstheorien erachten Führung daher nicht als individuelles, sondern als ein interaktives Geschehen. Führungserfolg hängt damit von der Qualität der Interaktion ab, den Eigenschaften und Ausprägungen der Interaktionsbeziehung (Interaktionstheorie der Führung). Die Gestaltung des Wandels und die dafür erforderlichen Führungs- und Managementaufgaben steht schließlich bei den evolutions-/transformationstheoretischen Führungskonzeptionen im Vordergrund.

Führungsverhalten

Aktivierende, ergebnis- und zielorientierte soziale Einflussnahme einer Führungsperson auf Mitarbeiter, mit dem Ziel, gemeinsame Aufgaben zu erfüllen und strukturierte Arbeitssituationen zu bewältigen.

1. *Typische Beschreibungsdimensionen:*

(1) *Mitarbeiterorientierung (Consideration):* Besorgtheit, Wertschätzung gegenüber den Geführten, Zugänglichkeit der Führenden;

(2) *Aufgabenorientierung (Initiating Structure):* Zielpräzisierung, Kontrolle, Vorrangigkeit der Aufgabenerfüllung.

Beide Dimensionen sind tendenziell unabhängig voneinander und insofern auf der Verhaltensebene kombinierbar. Etwa kann eine hohe Mitarbeiterorientierung den über eine hohe Leistungsorientierung vermittelten Leistungsdruck tendenziell abpuffern.

2. *Beurteilung:* Die Vielzahl von Forschungsansätzen zum Führungsverhalten und zur Mitarbeiterführung belegen, dass generalisierende Aussagen zur Wirksamkeit von Consideration und Initiating Structure auf Arbeitszufriedenheit und Leistung nicht sinnvoll sind. Neben diesen beiden Ausprägungen sind meist weitere Dimensionen des Führungsverhaltens, sowie zusätzliche Einflussfaktoren hinsichtlich dessen Wirksamkeit und des angestrebten Führungserfolgs zu berücksichtigen.

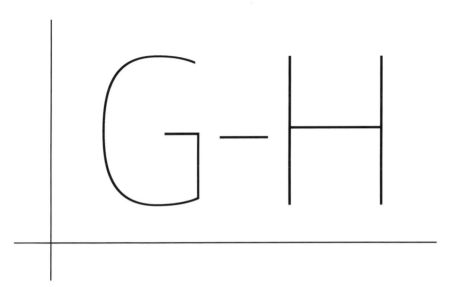

© Springer Fachmedien Wiesbaden GmbH, ein Teil von Springer Nature 2019
Springer Fachmedien Wiesbaden (Hrsg.), *250 Keywords Personalmanagement*,
https://doi.org/10.1007/978-3-658-23656-4_5

Gehaltsklassen

Definierte Verdienstspannen von Arbeitnehmern. Die Mitarbeiter werden in Bezug auf das Arbeitsentgelt entsprechend der betrieblichen Vergütungspolitik bzw. entsprechend den tarifvertraglichen Regelungen in eine Gehaltsklasse eingruppiert bzw. einer Verdienstgruppe zugeordnet. Die Eingruppierung kann z. B. auf einem Arbeitsbewertungssystem basieren, das die Anforderungshöhe der Stelle ermittelt. Die tatsächliche Entgelthöhe kann dann den jeweils gültigen Entgelttabellen entnommen werden. Bei Beamten wird in diesem Zusammenhang von Besoldungsstufen gesprochen.

Geldlohn

In Geld bezahltes Arbeitsentgelt; heute grundsätzlich übliche Entlohnungsform. Sowohl bar ausgezahltes Entgelt als auch bargeldlose Lohn- und Gehaltszahlung stellt Geldlohn dar. In der Frühzeit des Kapitalismus musste der Geldlohnanspruch des Arbeitnehmers in harten Kämpfen durchgesetzt werden, da die Betriebe vor allem bei ungünstiger Marktlage versuchten, das Absatzproblem teilweise durch Entlohnung der Arbeiter mit Betriebsprodukten zu lösen (Trucksystem). Grundsätzlich zulässig sind Sachbezüge (§ 107 II GewO).

Gewinnbeteiligung

1. *Mitarbeiter eines Unternehmens* partizipieren am Gewinn des beschäftigenden Unternehmens; gegebenenfalls verbunden mit einer Kapitalbeteiligung. Grundlage ist eine freiwillige Vereinbarung. Bezugsgröße der Gewinnbeteiligung ist zumeist der Bilanzgewinn. Die in der Praxis auftretenden Unterschiede ergeben sich aus der Funktion der Gewinnbeteiligung und dem Auszahlungs- und Verfügungsmodus.

Sowohl für die Erfolgs-, als auch für die Kapitalbeteiligung gilt § 87 Abs. 1 Nr. 10 BetrVG: „Der Betriebsrat hat, soweit eine gesetzliche oder tarifliche Regelung nicht besteht, in folgenden Angelegenheiten mitzubestimmen: [...] 10. Fragen der betrieblichen Lohngestaltung, insbesondere die Aufstellung von Entlohnungsgrundsätzen und die Einführung und Anwendung von neuen Entlohnungsmethoden sowie deren Änderung." Eine Erfolgsbeteiligung kann von der Arbeitnehmerseite nicht erzwungen werden. Plant die Unternehmensleitung jedoch eine Erfolgsbeteiligung, ist der Betriebsrat zu beteiligen, da unter Entlohnungsgrundsätzen alle Systeme verstanden werden, nach denen das Arbeitsentgelt bemessen wird. Auch Formen einer erfolgsabhängigen Vergütung zählen dazu. Damit fällt eine Vereinbarung zum Thema Erfolgsbeteiligung unter § 87 BetrVG und ist mitbestimmungspflichtig, sofern ein Tarifvertrag dem nicht entgegensteht. Kommt keine Einigung mit der Geschäftsführung zustande, kann nach § 87 Abs. 2 BetrVG die Einigungsstelle angerufen werden, um eine Regelung herbeizuführen.

2. *Gewinnbeteiligung der Vorstands- und Aufsichtsratsmitglieder* (Tantieme): Soll in einem angemessenen Verhältnis stehen zu den Aufgaben des Vorstands- oder Aufsichtsratsmitglieds und der Lage der Gesellschaft (§§ 87 I, 113 I AktG). Fragen der Gewinnbeteiligung, wie überhaupt des Salärs von Vorständen, sind angesichts von Firmenpleiten und Korruptionsfällen immer wieder Gegenstand der öffentlichen Diskussion. Neben moralischen Fragen geht es dabei auch um Rechtsfragen, so unter anderem darum, ob eine gesetzliche Deckelung rechtlich möglich ist und eingeführt werden sollte.

Gleitende Arbeitszeit

1. *Begriff:* Arbeitszeitmodelle zur Flexibilisierung und Individualisierung der Arbeitszeit. Die Arbeitszeit wird nicht auf bestimmte Anfangs- und Endtermine festgelegt. Der Arbeitnehmer kann innerhalb eines bestimmten Rahmens den Zeitpunkt des persönlichen Arbeitsbeginns und -endes selbst bestimmen.

Ziel: Erhöhung der individuellen Gestaltungsspielräume, Eröffnen flexibler Bürokonzepte und Entlastung des Berufsverkehrs in Ballungsgebieten.

Die *Modelle* der gleitenden Arbeitszeit reichen von der Gestaltung der täglichen über die wöchentliche bis zur jährlichen Arbeitszeit oder sogar der Lebensarbeitszeit (Sabbatical, Jahresarbeitszeitvertrag).

2. *Zeiten:* Die gleitende Arbeitszeit setzt sich zusammen aus der *Gleitspanne* (z. B. von 7 bis 9 Uhr und von 15 bis 19 Uhr) und der *Kernarbeitszeit*

(Zeit zwischen den Gleitzeiten). In der Kernarbeitszeit muss der Arbeitnehmer im Betrieb anwesend sein, innerhalb der Gleitspanne darf der Arbeitnehmer selbst disponieren. In den jeweiligen Arbeitszeitmodellen wird jedoch die zulässige Anzahl von Plus- oder Minusstunden gegenüber der Normalarbeitszeit festgelegt, die sich höchstens anhäufen dürfen. Außerdem kann ein Zeitraum festgelegt werden, innerhalb dessen ein Ausgleich erfolgen muss.

3. Die *Einführung* der gleitenden Arbeitszeit ist – falls ein Betriebsrat existiert – mitbestimmungspflichtig (§ 87 Nr. 2 BetrVG). Auch bei Gleitzeit sind die Regelungen des Arbeitszeitgesetzes einzuhalten.

4. Zum *Nachweis* der geleisteten Arbeitszeit ist in geeigneter Weise eine Zeiterfassung (z. B. durch elektronische Zeiterfassungsgeräte) zu gewährleisten.

Gleitender Ruhestand

Allmählicher Übergang von der Vollarbeit in den Ruhestand. Die Arbeitszeit wird stufenweise reduziert. Den Rahmen für die Gestaltungsmodalitäten bildet das Dritte Gesetz für moderne Dienstleistungen am Arbeitsmarkt, das seit dem 01.07.2004 das Altersteilzeitgesetz (AtG) grundlegend geändert hat. Ziel ist es, durch stufenweise Kürzung der Arbeitszeit ab dem 55. Lebensjahr den Wechsel vom aktiven Arbeitsleben in den Ruhestand zu erleichtern; ferner sollen die Renten- und Arbeitslosenversicherung von den Kosten der Frühverrentungspraxis entlastet werden. Die Förderung der Altersteilzeit durch die Bundesagentur für Arbeit ist zum Ende des Jahres 2009 ausgelaufen. Der vorzeitige Ausstieg aus dem Arbeitsleben ist aber weiterhin möglich, wenn tarifliche oder betriebliche Vereinbarungen dies vorsehen.

Grundfunktionen des Personalmanagements

1. *Grundgedanken*: Aus funktionalistischerer Sicht betrachtet trägt das Personalmanagement über seine vielfältigen Managementfelder mit dazu bei, die organisationalen Grundfunktionen und damit die zentralen organisationalen Bindekräfte aufrecht zu erhalten. So unterscheidet etwa Christian Scholz (2011, S. 40) zwanzig Aktivitätsfelder, die hierfür rele-

vant sind. Orientiert am Modell der Wertschöpfungskette unterscheidet er zum einen primäre Wertschöpfungsaktivitäten, die kennzeichnend für den Hauptprozess des Personalmanagements sind und die von der Personalbedarfskalkulation bis zur Personalreduktion reichen. Zum anderen nennt er die sekundären, also unterstützenden Wertschöpfungsaktivitäten, die quer zu den Prozessphasen verlaufen und diese somit durchgängig durchziehen. Darüber hinaus sind die Aktivitätenfelder über „informatorischen Rückkopplungen" miteinander verbunden, die in letzter Konsequenz die Basis bzw. das Grundgerüst für den Wertschöpfungsbeitrag des Personalmanagements bilden.

2. *Die sechs Grundfunktionen*: Ausgehend von diesen Aktivitäten- bzw. Managementfeldern ist wieder zu fragen, welches nun denn die zentralen Funktionen des Personalmanagements sind, die allgemein zum Erhalt eines Sozialsystems beitragen. Diese Grundfunktionen sind dann als Leitbild für den Auf- bzw. Ausbau eines effektiven Personalmanagements anzusehen, da sie für alle Sozialen Systeme gleichermaßen Relevanz besitzen.

Nach Albert Martin (2001, S. 33 ff.) sind sechs Grundfunktionen des Personalmanagements zu unterscheiden: Selektion, Integration, Sozialisation, Anreizgestaltung, Kontrolle und Aufgabengestaltung. Für diese lassen sich unterschiedliche Gestaltungsansätze ableiten, mittels derer die Entwicklung und der Erhalt dieser personalen Grundfunktionen und damit des jeweiligen Sozialen Systems befördert werden kann.

Grundgehalt

Gehaltsbestandteil, der unabhängig von der konkreten Wirtschaftssituation oder der Leistung des Mitarbeiters gezahlt wird. Es handelt sich um eine fixe Summe, die der Arbeitgeber an den Arbeitnehmer regelmäßig zum vereinbarten Zahlungstermin zu entrichten hat. Zusätzlich zum Grundgehalt können Sonderzahlungen und Prämien an den Arbeitnehmer ausgezahlt werden. Das Grundentgelt ergibt sich meist aus den Anforderungen einer Arbeitsstelle und wird im Tarifrecht über Entgeltgruppen konkretisiert.

Handlungskompetenz

Oberbegriff für Fachkompetenz, Methodenkompetenz und Sozialkompetenz. Ist die Fähigkeit, zielgerichtet, aufgabengemäß, der Situation angemessen und verantwortungsbewusst betriebliche Aufgaben zu erfüllen und Probleme zu lösen. Der Kompetenzbegriff umfasst damit die Befähigungen von Personen, unterschiedliche Handlungsanforderungen erfolgreich zu bewältigen. Hierbei nutzen diese unter anderem ihre Erfahrungen, Fähigkeiten und Fertigkeiten, Wissen, Qualifikationen und Kenntnisse. Kompetenzen fügen sich zu Handlungsmustern zusammen. Umgekehrt lassen sich Handlungsmuster in Kompetenzcluster und diese wieder in Fähigkeiten und Fertigkeiten, Wissen, Qualifikationen, Kenntnisse und in Erfahrungswerte zerlegen.

Harzburger Modell

1. *Begriff:* Von R. Höhn (Leiter der Akademie für Führungskräfte der Wirtschaft, Bad Harzburg) 1956 ins Leben gerufene „Führung im Mitarbeiterverhältnis mit Delegation von Verantwortung".

2. *Zentrale Zielsetzungen:*

a) *Autoritäre Führung überwinden:* Das auf Befehl und Gehorsam beruhende Prinzip der Führung von Mitarbeitern wird als unzeitgemäß abgelehnt.

b) *Verantwortung delegieren:* Dies soll nicht nur das Abgeben von Arbeit heißen, sondern die Schaffung von eigenen Bereichen, die durch Stellenbeschreibungen genau abgegrenzt sind.

Genaue *Verhaltensanweisungen* im Einzelnen. Die große Menge der im Harzburger Modell zu beachtenden Vorschriften macht es zu einem starren, reglementierenden Modell, das die autokratische durch eine bürokratische Führung ablöst.

3. *Beurteilung:* Die Erfahrungen mit dem Harzburger Modell sind geteilt; als Führungskonzept umstritten und allenfalls als zeithistorisch bedeutsam für die 1960er-Jahre in der Bundesrepublik Deutschland zu bewerten.

Head Hunting

Gezielte Suche und Auswahl von qualifizierten und oft sehr spezialisierten Fach- und Führungskräften durch spezialisierte Personalberater im Auftrag von Unternehmen. In der Regel erfolgt die Kontaktaufnahme gezielt und aktiv mittels Direktansprache (Direct Search) per Telefon oder E-Mail. Erschlossen wird hierüber ein Personenkreis, der sich ohne direkte Ansprache nicht auf eine Stelle bewerben würde. Mittels Direct Search sollen also ganz bestimmte, meist sehr qualifizierte Personen für eine berufliche Veränderung zu einem neuen Arbeitgeber gewonnen werden.

Hilfsarbeiter

Synoym: Aushilfskraft, Helfer, Ungelernter; Arbeitnehmer, die einfache Tätigkeiten, sogenannte Hilfs- oder Anlerntätigkeiten, ohne fachliche Vorbildung bzw. branchenspezifische Berufsausbildung ausführen. Personen, die derartige Berufe ausführen, haben meist nur eine Grundbildung oder Sekundarbildung abgeschlossen (International Standard Classification of Education, ISCED-Level 1,2,3A,3C) und keinen Beruf erlernt. Hilfsarbeiter werden seit dem 01. Januar 2015 auf Basis der von den Tarifpartnern ausgehandelten und von der Bundesregierung für die jeweilige Branche allgemeinverbindlich erklärten Mindestlöhnen entlohnt.

Hilfsarbeitergehalt

Meist Zeit-, selten Akkordlohn/-gehalt für ungelernte Arbeiter oder angelernte Arbeiter.

Kostenrechnungstechnische Erfassung und Verrechnung: Hilfsarbeitergehälter können *Fertigungslöhne* sein, sofern sie sich dem Kostenträger direkt, d. h. ohne Verrechnung über Kostenstellen im Betriebsabrechnungsbogen (BAB), zurechnen lassen. Meist jedoch nur Verrechnung als *Gemeinkostengehälter (Hilfslöhne),* oftmals als Kostenstelleneinzelkosten möglich, da die Hilfsarbeiter in der Regel bestimmten Kostenstellen als Arbeitskraft zugeteilt und die für sie erwachsenden Gehaltskosten diesen zuzurechnen sind; bei „fliegenden Kolonnen" oder vielseitig beanspruchten Einzelkräften ist eine Aufteilung anteilig (nach Zeit- oder Mengeneinheiten) der für die Kostenstellen erbrachten Arbeitsleistung erforderlich.

Human Resource Management

Im angloamerikanischen Sprachraum durchgängig benutzte Bezeichnung für Personalmanagement. Betont wird mit dieser Bezeichnung insbesondere der *Ressourcencharakter* des Personals.

Humanisierung der Arbeit

Zusammenfassende Bezeichnung für alle auf die Verbesserung der Arbeitsinhalte und der Arbeitsbedingungen gerichtete Maßnahmen, um die Arbeitswelt möglichst menschengerecht zu gestalten (siehe etwa Arbeitsschutzgesetz-ArbSchG, oder Gefährdungsbeurteilung). Im Zuge der grundlegenden Neugestaltung der Sozialpolitik wird in der Bundesrepublik Deutschland zu Ende der 1960er-Jahre die Forderung nach einer humaneren Arbeitswelt erhoben. Neben dem politischen Anspruch nach Individualisierung und Demokratisierung in den Betrieben (Mitbestimmung) aktualisiert sich die gesellschaftliche Neuorientierung auch im Aktionsprogramm „Forschung zur Humanisierung des Arbeitslebens" (HdA).

Bedeutungsinhalte:

1. *Maßnahmen zum Gesundheitsschutz am Arbeitsplatz und zur Arbeitsplatzgestaltung* (Ergonomie), um gesundheitliche Risiken und körperliche Belastungen zu minimieren.

2. *Arbeitsorganisatorische Maßnahmen,* die darauf abzielen, die psychische Arbeitsbelastung zu minimieren, etwa durch Abbau von Monotonie (Job Rotation), Erweiterung des Tätigkeitsspielraumes (Job Enlargement), sowie Erweiterung der Verantwortung (Job Enrichment).

3. *Psychologische Arbeitsgestaltung,* d. h. Abstimmung der Arbeit auf die individuellen arbeitsbezogenen Motive (Mitarbeitermotivation; Job Diagnostic Survey).

4. *Life Balance*, um mittels familien- oder freizeitfördernder Maßnahmen der zunehmenden Verschmelzung (Work Life Blending) beruflicher und privater Belange und Aktivitäten entgegen zu wirken.

Humanvermögen

Human Resource; Gesamtheit der Leistungspotenziale (Leistungsreserve), die einem Unternehmen durch seine Mitarbeiter zur Verfügung gestellt werden. Begriffsbildung entsprechend dem allgemeinen betriebswirtschaftlichen Vermögensbegriff: Summe aller Ressourcen, über die eine Unternehmung zur wirtschaftlichen Nutzung bzw. zum Verzehr verfügen kann. Erfasst werden soll nicht der Arbeitnehmer selbst, sondern sein der Unternehmung zur Verfügung gestelltes Leistungspotenzial, das sich ergibt aus dem Produkt seines Leistungsangebotes mit dem Zeitraum, über den er die Leistung anzubieten in der Lage ist; das Leistungsangebot ist bestimmt durch die individuelle Leistungsfähigkeit und Leistungsbereitschaft (Leistungsmotivation).

Humanvermögensrechnung

Human Resource Accounting; das dem Unternehmen zur Verfügung stehende Humanvermögen soll erfasst und bewertet werden. Unzureichende Einschätzung des Humanvermögens kann zu personalpolitischen Fehlentscheidungen führen: Personalpolitische Rationalisierungsstrategien, mit denen Abbau von Personal verbunden ist, erweisen sich häufig ausschließlich als Abbau von Humanvermögen. Es gibt eine Vielzahl von Konzepten zur systematischen und regelmäßigen Erfassung der Kosten und der Bewertung menschlicher Ressourcen einer Organisation. Es lassen sich verschiedene Prinzipien unterscheiden:

1) *Kostenorientierte Modelle (Human Resource Cost Accounting),* Bewertung mit Anschaffungskosten (Brummet/Flamholtz/Pyle 1968);

2) *Bewertung mit Opportunitätskosten* (Hekimian/Jones 1967),

3) *Bewertung mit Wiederbeschaffungskosten* (Flamholtz 1974).

Der letztere Ansatz ist der umfassendste, da hierbei die Qualifikationen bzw. Kompetenzen am stärksten berücksichtigt werden. Im deutschsprachigen Raum wird darüber hinaus die sogenannte *Saarbrücker Formel* diskutiert. Mittels dieses Denkansatzes können Organisationen ihren Humankapitalwert im Detail betrachten. In letzter Konsequenz kann hierüber der Wert der Belegschaft in einem Euro-Betrag ausgedrückt werden.

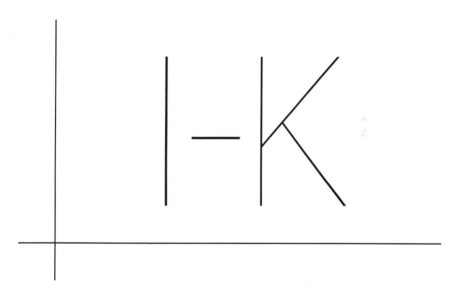

© Springer Fachmedien Wiesbaden GmbH, ein Teil von Springer Nature 2019
Springer Fachmedien Wiesbaden (Hrsg.), *250 Keywords Personalmanagement*,
https://doi.org/10.1007/978-3-658-23656-4_6

Immaterielle Mitarbeiterbeteiligung

Partizipation der Mitarbeiter an Entscheidungen, unter Umständen als Folge materieller Mitarbeiterbeteiligung. Immaterielle Mitarbeiterbeteiligung kann sich grundsätzlich auf den Arbeitsplatz oder die Unternehmensebene beziehen. In Großunternehmen gesetzlich geregelt durch Mitbestimmungsgesetz (MitbestG), Betriebsverfassungsgesetz 1952 (BetrVG), Montan-Mitbestimmungsgesetz (MontanMitbestG), in mittelständischen Betrieben verschiedene Modelle freiwillig vereinbarter immaterieller Mitarbeiterbeteiligung. Mitwirkungsmöglichkeiten der Mitarbeiter von Informations- und Kontrollrechten bis zu Mitsprache- und Mitbestimmungsrechten. Zumeist handelt es sich um eine Komponente der betrieblichen Partnerschaft. Ausübung der immateriellen Mitarbeiterbeteiligung in Partnerschaftsausschüssen, Beiräten oder ähnlichen Organen, denen bisweilen recht weit reichender Einfluss auf wichtige Unternehmensentscheidungen eingeräumt wird.

Indexlohn

Gleitender Lohn; Entlohnungssystem, bei dem der *Reallohn* stabil gehalten wird (konstante Kaufkraft). Maßstab für die Kaufkraft des Geldes ist meist der Verbraucherpreisindex für Deutschland (VPI) bzw. Harmonisierter Verbraucherpreisindex (HVPI), gegebenenfalls auch Goldpreis und Kurs für fremde Währung. Eine Anwendung des Indexlohns ist sinnvoll, wenn eine Volkswirtschaft unter erheblichen Geldwertschwankungen zu leiden hat, in normalen Zeiten jedoch nicht zweckmäßig wegen der komplizierten Berechnung. In der Bundesrepublik Deutschland sind Indexbindungen als Bestandteil des Tarifvertrages rechtlich zulässig. Die Koppelung des Lohns an den Verbraucherpreisindex gilt als inflationsfördernd und -verstärkend.

Industrial Relations

Industrielle Beziehungen; diese umfassen alle ökonomischen, sozialen und gesellschaftlichen Austausch-, Kooperations- und Konfliktprozesse zwischen Arbeitgebern und Arbeitnehmern und ihren Interessenvertretungen (Verbänden) innerhalb einer Branche, eines Staatsgebietes oder eines transnationalen Wirtschaftsraumes, beispielsweise der EU. Zu unterscheiden sind damit einerseits die betrieblichen Arbeitgeber-Arbeit-nehmer-Beziehungen (Management und Betriebsrat) und andererseits die Beziehungen zwischen Arbeitgeberverbänden und Gewerkschaften. Ziel dieser Beziehungen ist die Regulierung von Arbeitsverhältnissen und Arbeitsbedingungen auf betrieblicher und überbetrieblicher Ebene, z. B. mittels Arbeitskampf, Tarifautonomie, Betriebsvereinbarungen, Interessenausgleich und über staatliche Regulierung. Sowohl in der Betriebswirtschaftslehre, als auch in der Industrie- und Betriebssoziologie und der Wirtschaftssoziologie finden sich theoretische Erklärungsansätze zum Gegenstandsbereich der Industriellen Beziehungen.

Infotainment

Multimediale Vermittlung von Informationen mit hohem Unterhaltungswert für die Teilnehmer (z. B. Erlebnisfernsehen). Einsatz z. B. in der Aus-, Fort- und Weiterbildung (Edutainment).

Innerbetriebliche Weiterbildung

Im Betrieb durchgeführte Maßnahmen der Personalentwicklung zur Intensivierung des Wissens und der Fähigkeiten.

Vorteil gegenüber außerbetrieblichen Maßnahmen der Weiterbildung: Beeinflussbarkeit des Programmes hinsichtlich der Struktur der Teilnehmer und der Firmeninteressen.

Nachteil: Häufig zu speziell auf die Situation des arbeitgebenden Unternehmens zugeschnittenes Programm.

Innere Kündigung

1. *Begriff:* Vom Arbeitnehmer nicht explizit geäußerte, mentale Verweigerung eines engagierten Leistungsverhaltens (Extra-Rollenverhalten). Die iga.Studie 2016 stellt etwa fest, dass sich jeder fünfte Arbeitnehmer nicht mehr für seinen Job interessiert und nur noch das Nötigste arbeitet. Der Mitarbeiter will zwar seine Stellung behalten, er vermeidet eine Kündigung als offizielle und rechtlich wirksame Beendigung des Arbeitsverhältnisses, er ist aber bestrebt, sich nicht über ein minimal erforderliches Maß hinaus zu engagieren. Die innere Kündigung vollzieht

sich als lautloser Prozess und ist daher für Führungskräfte in den Anfängen nur schwer zu erkennen und einzudämmen. Tauschtheoretisch argumentiert, erwarten Menschen von ihrem Gegenüber eine Gegenleistung, wenn sie sich in ökonomische und soziale Beziehungen einbringen. Letzteren liegt also das gegenseitige Geben und Nehmen von materiellen und immateriellen Ressourcen zugrunde. Getauscht werden hierbei Ressourcen, an denen der jeweilige andere Tauschpartner Interesse hat. Erfahren Mitarbeiter nun etwa mangelnde Wertschätzung, fehlende Einbindung und erleben sie Zurückweisungen im Führungsverhalten und ungelöste Konflikte mit Arbeitskollegen, dann tauschen sie negativ, indem sie ihr Engagement in der Arbeit schrittweise zurückfahren, bis sie am Ende dieses Rückzugsprozesses den Arbeitseinsatz auf ein Minimum reduzieren.

2. Als *Möglichkeiten zur Eindämmung innerer Kündigungsprozesse* gelten: regelmäßige Mitarbeitergespräche; wertschätzende Umgangsformen und Kommunikation; Entwickeln und Fördern einer vertrauensbasierten Unternehmenskultur; regelmäßige Reflexion des Führungsverhaltens; kreativitätsfördernde und agile Organisationsstrukturen; Vermitteln und Umsetzen von Visionen.

Interaktionstheorie der Führung

Ansatz der Führungsforschung und Führungslehre, der die wechselseitige, bidirektionale Verhaltensbeeinflussung zwischen Führungskraft und Geführten im Führungsprozess betont. Führung wird als interaktiver Prozess betrachtet, beeinflusst von den Persönlichkeitsmerkmalen der Geführten und der Führungskraft sowie der relevanten Situation. Die Interaktionstheorien der Führung heben damit die starre bzw. statische Betrachtung der Führer- und Geführtenrolle auf und betrachten die dynamischen Kräfte in dieser Beziehung. Drei Frage werden dabei unter anderem erörtert: Wie entwickelt sich die Beziehung zwischen Führer und Geführten? Wie kommt es zur Anerkennung des Führers durch die Geführten? Welche Auswirkung haben diese Dynamiken auf die Arbeitsleistung von Mitarbeitern?

Internationales Personalmanagement

Summe personeller Gestaltungsmaßnahmen mit grenzüberschreitender Ausrichtung zur Verwirklichung der Unternehmensziele. Im Vergleich zum nationalen Personalmanagement ist das internationale Personalmanagement durch erhöhte Komplexität und Unsicherheit gekennzeichnet, da sich die unternehmerische Tätigkeit auf zwei oder mehr Länder erstreckt. Unterschiedliche rechtliche Regelungen, kulturspezifische Besonderheiten und Erfordernisse verschiedener Mitarbeitergruppen sind zu berücksichtigen, etwa die aus dem Heimatland des Unternehmens, aus dem des Gastlandes oder aus Drittländern (Diversity Management).

Intrapreneuring

Auch Intrapreneurship genannt, bezeichnet das unternehmerische und innovationsorientierte Verhalten von Mitarbeitern in Organisationen. Mitarbeiter verhalten sich hiernach so, als ob sie selbst Unternehmer im Unternehmen (Binnenunternehmer) wären. Der innovativen Aktivität einzelner Mitarbeiter liegt oft eine spezifische Motivlage zugrunde, die sie danach streben lässt, innovative Ideen in der jeweiligen Organisation umzusetzen. Sie tun dies intrinsisch motiviert und auch gegen interne Widerstände. Sie sind damit unternehmerisch innerhalb einer etablierten Organisation tätig. Intrapreneurship ist für etablierte Organisationen ein mögliches Vorgehen, um innovative und agile Entwicklungsprozesse zu initiieren und zur Marktreife zu führen. Um dies zu ermöglichen, sind entsprechende strukturelle und kulturelle Rahmenbedingungen zu gestalten, unter anderem hinsichtlich Ressourcen, Kommunikationsmöglichkeiten, Arbeitszeit, Qualifizierung, Förderung und Wertschätzung der Intrapreneure. Beispiele für erfolgreiches Intrapreneuring sind unter anderem das Post-It von 3M, die Gmail von Google und der Like-Button von Facebook, die alle durch unternehmensinterne Initiativen entstanden sind, bei denen die Arbeitgeber Mitarbeitern die Freiheit, die Ressourcen und die Unterstützung gaben, ihre Pläne im Unternehmen zu verfolgen.

Jahresarbeitszeitvertrag

Arbeitszeitmodell zur Flexibilisierung der Arbeitszeit. Die Dauer der Arbeitszeit wird in Form einer bestimmten Stundenzahl auf Jahresbasis festgelegt und zu Beginn eines jeden Jahres fixiert. Die Verteilung des Kontingents an abzuarbeitender Arbeitszeit während des Arbeitsjahres wird zwischen Arbeitgeber und -nehmer flexibel gestaltet.

Jahressondervergütung

Zumeist am Jahresende gezahlter Betrag, der an den Gewinn des Unternehmens, des Betriebs oder einer Abteilung oder an die Leistung des einzelnen Arbeitnehmers geknüpft ist.

Job Discrimination

Erscheinung, dass bestimmte Personen im Arbeitsleben benachteiligt (diskriminiert) werden, meist in Form von Unterbezahlung, Anstellung in untergeordneten Positionen oder Benachteiligung beim beruflichen Aufstieg. Durch das Antidiskriminierungsgesetz, sogenanntes Allgemeines Gleichbehandlungsgesetz (AGG) vom 14.8.2006, sind in Deutschland Benachteiligungen aus Gründen der Rasse oder der ethnischen Herkunft, des Geschlechts, der Religion oder Weltanschauung, einer Behinderung, des Alters oder der sexuellen Identität zu verhindern oder zu beseitigen (§ 1 AGG). Das AGG setzt damit Richtlinien der Europäischen Gemeinschaft in deutsches Recht um und geht in Teilen darüber hinaus. Zeitgleich wurde unter der Schirmherrschaft der Bundeskanzlerin die Charta der Vielfalt ins Leben gerufen. Die Charta der Vielfalt ist eine Unternehmensinitiative zur Förderung von Vielfalt in Unternehmen und Institutionen. Anerkennung, Wertschätzung und Einbeziehung von Vielfalt in der Unternehmenskultur in Deutschland soll durch diese Initiative vorangebracht werden. Organisationen sollen ein Arbeitsumfeld schaffen, das frei von Vorurteilen ist. Alle Mitarbeiter sollen dabei Wertschätzung erfahren – unabhängig von Geschlecht, Nationalität, ethnischer Herkunft, Religion oder Weltanschauung, Behinderung, Alter, sexueller Orientierung und Identität.

Job Rotation

1. *Systematischer Arbeitsplatzwechsel* zur Entfaltung und Vertiefung der Fachkenntnisse und Erfahrungen geeigneter Mitarbeiter oder zur Vermei-

dung von Arbeitsmonotonie und einseitiger Belastung im Sinn einer Humanisierung der Arbeit, wobei in der Regel nur der Tätigkeits-, nicht aber der Entscheidungsspielraum erweitert wird.

2. Methode zur *Förderung des Führungsnachwuchses* und zur Weiterbildung betrieblicher Führungskräfte im Rahmen der Personalentwicklung bzw. Karriereplanung.

3. *Qualifizierungsmaßnahme der Arbeitsagenturen*, um Mitarbeiter für unterschiedliche Arbeitsplätze zu qualifizieren und Flexibilität zu trainieren.

4. *Gestaltungsformen:* Job Rotation umfasst sowohl den Wechsel von gleichwertigen Aufgaben (Job Enlargement) als auch von Tätigkeiten mit unterschiedlich hohem Anforderungsniveaus (Job Enrichment).

Jobsharing

Arbeitsplatzteilung; besondere Form des Teilzeitarbeitsverhältnisses. Dem Arbeitsverhältnis liegt ein zwischen dem Arbeitgeber und zwei oder mehreren Arbeitnehmern geschlossener Arbeitsvertrag zugrunde, in dem diese sich verpflichten, sich die Arbeitszeit an einem Vollarbeitsplatz zu teilen. Innerhalb der Gesamtarbeitszeit sieht dieses *Arbeitszeitmodell* einen flexiblen Umgang mit der jeweiligen Arbeitszeit der Arbeitnehmer vor.

Gesetzliche Grundlage: § 13 Teilzeit- und Befristungsgesetz (TzBfG).

Für den Arbeitgeber liegt ein entscheidender Vorteil gegenüber dem reinen Teilzeitarbeitsverhältnis darin, dass der Arbeitsplatz während der gesamten betriebsüblichen Arbeitszeit besetzt ist. Die Frage, ob der Arbeitnehmer den Partner im Fall einer vorübergehenden Verhinderung vertreten muss, richtet sich nach der für den einzelnen Vertretungsfall geschlossenen Vereinbarung (§ 13 I TzBfG). Die Pflicht zur Vertretung kann auch vorab für den Fall eines dringenden betrieblichen Erfordernisses vereinbart werden; dann ist der Arbeitnehmer zur Vertretung nur verpflichtet, soweit sie ihm im Einzelfall zumutbar ist.

Wegen des *Ausscheidens eines Partners* ist die Kündigung der anderen Arbeitnehmer nicht zulässig (§ 13 II TzBfG).

Jubiläumszuwendung

Einmalige Sonderzuwendung des Arbeitgebers in Geld- oder Geldeswert an einen Arbeitnehmer aus Anlass eines Arbeitnehmer- oder Firmenjubiläums. Ob und in welcher Höhe Jubiläumszuwendungen durch den Arbeitgeber eingeräumt werden, ist in der Regel in einer Betriebsvereinbarung, als Einzelvereinbarung oder durch Betriebsübung geregelt. Neben Bar- oder Sachzuwendungen sind auch zusätzliche Urlaubstage in der Praxis üblich. Als Gratifikation gehören die Jubiläumszuwendungen nach § 19 Abs. 1 Nr. 1 EStG regelmäßig zum steuerpflichtigen Arbeitslohn und damit auch zum beitragspflichtigen Arbeitsentgelt nach § 14 Abs. 1 SGB IV, ebenso Sachzuwendungen aufgrund eines Jubiläums. Wird die Dauer der Betriebszugehörigkeit eines Arbeitnehmers honoriert, stellen Jubiläumsgeschenke steuerpflichtige Vergütungen für mehrjährige Tätigkeiten im Sinne des § 34 Abs. 2 Nr. 4 EStG, also außerordentliche Einkünfte dar.

Kapitalbeteiligung

Beteiligung des Arbeitnehmers am Kapital des arbeitgebenden Unternehmens. Das Aufbringen einer Kapitaleinlage durch den Mitarbeiter kann erfolgen durch Erfolgsbeteiligung, Unternehmenszuwendungen, staatliche Prämien und Eigenleistungen. Die Verwendungsseite der Kapitalbeteiligung, also die Form der Kapitalbeteiligung, ist abhängig von der Rechtsform der Unternehmung. Je nach Organisationsform ergeben sich Unterschiede in der steuer-, arbeits- und gesellschaftsrechtlichen Behandlung. Zu unterscheiden ist grundsätzlich zwischen Eigen- und Fremdkapitalbeteiligungen sowie eigenkapitalähnlichen Beteiligungen (besonders stille Beteiligung und Mischformen, sogenannte Mezzaninbeteiligungen).

Karriereplanung

Teil der langfristigen Personalplanung im Bereich des Führungsnachwuchses mit dem Ziel, den zukünftigen Bedarf an Führungskräften durch rechtzeitige personalpolitische Entscheidungen sicherzustellen. Grundlage der Karriereplanung ist die Mitarbeiterbeurteilung. Instrumente sind unter anderem Aus- und Weiterbildungsmaßnahmen, Job Rotation. Sichtbarer Niederschlag der Karriereplanung sind *personenbezogene Laufbahn- oder Karrierepläne* über Tätigkeitsart, -ort und -dauer eines Mitarbeiters, d.h. zugleich Regelung des Personaleinsatzes auf längere Sicht. Die individuelle Karriereplanung wird ergänzt durch Aufstellung normierter Laufbahnen. Zur Karriereplanung zählt auch die *Nachfolgeplanung.* Sie bietet dem Unternehmen Sicherheit bei der Nachfolge von Positionen.

Karriereplanung dient auch als *Instrument der Anreizpolitik* einer Organisation.

Kernarbeitszeit

Determiniert den Zeitraum zwischen dem spätesten Arbeitsbeginn und dem frühesten Arbeitsende, in der die Arbeitnehmer am Arbeitsplatz anwesend sein müssen.

Konflikt

1. *Begriff:* Prozess der Auseinandersetzung, der auf unterschiedlichen Interessen von Individuen und sozialen Gruppierungen beruht und in unterschiedlicher Weise institutionalisiert ist und ausgetragen wird.

2. *Arten:*

a) *Grundsätzlich:*

(1) Sind sich die Parteien des Konflikts bewusst, liegt ein *manifester Konflikt* vor.

(2) Wenn sich die Parteien des Konflikts (noch) nicht bewusst sind, die Situation aber so angelegt ist, dass ein Konflikt sehr wahrscheinlich ist oder die Parteien sich ihrer unvereinbaren Handlungstendenz zwar bewusst sind, sie deren Verwirklichung aber noch nicht gewagt haben, dann liegt ein *latenter Konflikt* vor.

b) *Sozialer Konflikt:* Interaktion zwischen Akteuren, wobei mindestens ein Akteur Unvereinbarkeiten im Denken, Fühlen und Verhalten mit dem zweiten Akteur in einer Art erlebt, dass im Realisieren eine Beeinträchtigung stattfindet.

(1) *Zielkonflikt:* Zwei oder mehr in einem Abhängigkeitsverhältnis agierende Personen verfolgen unterschiedliche Ziele.

(2) *Bewertungskonflikt:* Die Effektivität oder Wirkung unterschiedlicher

Methoden zur Zielerreichung werden unterschiedlich bewertet.

(3) *Verteilungskonflikt:* Die Parteien können sich nicht über die Verteilung von Ressourcen (persönliche, monetäre, technische o.ä.) einigen.

(4) *Persönlicher Konflikt:* Menschen verspüren intrapsychisch unterschiedliche Entscheidungs- oder Verhaltenstendenzen.

(5) *Beziehungskonflikt:* In der zwischenmenschlichen Beziehung kommt es zu Störungen.

(6) *Rollenkonflikt:* Menschen sind widersprüchlichen Rollen(-erwartungen) ausgesetzt.

c) *Konflikte in Organisationen:* Spannungssituationen, in denen voneinander abhängige Menschen versuchen, unvereinbare Ziele zu erreichen oder gegensätzliche Handlungspläne zu verwirklichen.

3. *Funktion von Konflikten:* Konflikte führen zu einem gesellschaftlichen Wandel: zur Anpassung sozialer Normen bzw. der Entwicklung neuer sozialer Normen und Regeln. Dadurch entstehen neue soziale Strukturen und Institutionen. Hinter dieser Position, die Konflikt als funktional für die Gesellschaft definiert, steht ein Konflikt-Modell einer Gesellschaft, das auf der Annahme eines Pluralismus unterschiedlicher und auch kontroverser Interessen, Einstellungen und Werte beruht und in dem die gewaltfreie Regelung von Konflikten die zentrale Integrationsleistung darstellt. Soziale Konflikte können jedoch nicht grundsätzlich als funktional im Sinn sozialer Integration begriffen werden (vor allem Kriege, Revolutionen, Bürgerkriege).

Konfliktmanagement

Feststellung, Steuerung und Regelung von Konflikten durch spezifische Handhabungsformen, etwa Verhandlung, Vermittlung, Schlichtung einschließlich Zwangsschlichtung.

Kontingenztheorie der Führung

Führungstheorie von F. E. Fiedler. Wichtiges Kennzeichen der Kontingenztheorie der Führung ist es, dass situativen Einflüssen (*Kontingenzfaktoren*) auf den Führungserfolg eine zentrale Bedeutung eingeräumt wird, d.h.

unterschiedliche Führungsstile sind in unterschiedlichen Situationen unterschiedlich effizient. Fiedler unterscheidet einen aufgaben- und einen mitarbeiterorientierten Führungsstil. Der Führungserfolg sowohl von mitarbeiter- als auch aufgabenorientierten Führern wird nach Fiedler von der situativen Günstigkeit (Positionsmacht des Vorgesetzten, Merkmale der Aufgabenstruktur sowie interpersonellen Beziehungen) bestimmt.

Fiedler zufolge ist es bei unzureichendem Führungserfolg zweckmäßig, entweder situative Bedingungen zu verändern oder Führungspersonen anders einzusetzen. Änderungen des individuellen Führungsstils erscheinen hingegen nicht sinnvoll, da dieser eher als überdauerndes Persönlichkeitsmerkmal denn als kurzfristig veränderbares Verhaltensmuster interpretiert wird.

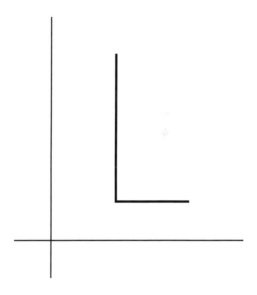

© Springer Fachmedien Wiesbaden GmbH, ein Teil von Springer Nature 2019
Springer Fachmedien Wiesbaden (Hrsg.), *250 Keywords Personalmanagement*,
https://doi.org/10.1007/978-3-658-23656-4_7

Laissez-Faire-Führungsstil

Einer von drei idealtypischen Führungsstilen nach Kurt Lewin, neben autoritärem und demokratischen Führungsstil. Während beim autoritären Führungsstil Anweisungen, Anordnungen und Entscheidungen in erster Linie durch den Vorgesetzten ergehen, haben beim Laissez-Faire-Führungsstil die Mitarbeiter wesentlich mehr Freiheiten. Hier bestimmen sie nicht nur ihre Aufgaben selbst, auch die Organisation dieser und der Grad der Informationsweitergabe sind frei wählbar. Der Vorgesetzte greift bei Unstimmigkeiten im Gegensatz zum autoritären Führungsstil in Konflikte und Problemsituationen nicht ein.

Leader-Match-Konzept

Führungstheoretischer Ansatz, der die Effektivität von Führung in den Mittelpunkt der Betrachtung stellt. Inwieweit Führungskräfte (Leader) hiernach effektiv sind, hängt von deren Führungsstil und der Günstigkeit der Situation ab. Der mit einem bestimmten Führungsverhalten einhergehende Führungserfolg ist also an den Kontext gebunden, in dem Führung stattfindet. Der jeweilige Führungsstil im Sinne eines typischen Verhaltensmusters ist dabei Ausdruck dauerhafter, motivationaler Persönlichkeitsmerkmale. Je nach Persönlichkeit, innerer Einstellung und Haltung können unterschiedliche Verhaltenstypen gegeneinander abgegrenzt werden. Aufbauend auf vielfältigen empirischen Untersuchungen prognostiziert etwa Fiedler, dass aufgabenorientierte Führer in besonders günstigen und ungünstigen situativen Kontexten gute bis sehr gute Leistungen erbringen. Beziehungsorientierte Führungskräfte sind hingegen bei Situationen mittlerer Vorteilhaftigkeit besonders leistungsfähig.

Lebenslauf

Curriculum Vitae (CV); listet zentrale individuelle Daten zu einer Person auf. Der Lebenslauf gibt unter anderem Auskunft über die erworbenen Qualifikationen und Bildungsgrade, sowie über bisherige Arbeits- und Sozialerfahrungen. Der CV als Teil einer Bewerbungsunterlage ermöglicht es etwa der Personal-/HR-Abteilung eines Unternehmens, sich einen ersten Eindruck von der Eignung des Bewerbenden in Bezug auf eine ausgeschriebene Stelle/Position zu verschaffen. Die am häufigsten eingesetzte

Form ist die des tabellarischen Lebenslaufes. Hier werden die Stationen und Kenntnisse des Bewerbenden in tabellarischer Form als Blöcke nach zeitlichen Kriterien zusammengestellt. Als Kategorien werden häufig verwendet: persönliche Daten, beruflicher Werdegang, schulische Ausbildung, Grundwehrdienst/Freiwilliges Soziales Jahr, berufliche Ausbildung, Studium, Praktika, Weiterbildung, sonstige/zusätzliche Qualifikationen und Kenntnisse. Die Form des Lebenslaufes variiert je nach Land. In Deutschland ist der CV üblicherweise achronologisch aufgebaut. Akademische und berufliche Stationen werden in umgekehrter Reihenfolge aufgelistet, die aktuelle Tätigkeit steht somit ganz oben. Daneben ist im deutschsprachigen Raum immer noch die Qualität des Fotos in einem Lebenslauf bedeutsam. Der CV wird inzwischen überwiegend digital verfasst, nur noch in Ausnahmefällen handschriftlich, wenn vom Adressaten ausdrücklich verlangt. Bei Online-Bewerbungen ist der CV entweder in ein bereitgestelltes Formular auf der Webseite des Unternehmens zu übertragen oder wird als eigene Unterlage per E-Mail dem Adressaten zugeleitet.

Leibesvisitation

1. *Begriff:* Körperliche Durchsuchung, unter anderem angewandt auf Arbeitnehmer beim Verlassen des Betriebes, nur unter der Voraussetzung besonderer Rechtfertigungsgründe und bei Beachtung der Verpflichtung zur Gleichbehandlung. Weibliche Betriebsangehörige sind nur von Frauen zu durchsuchen. Das Mitbestimmungsrecht des Betriebsrats ist zu beachten (§ 87 I Nr. 1 BetrVG).

2. *Rechtfertigungsgründe:*

(1) Schutz von Leben und Gesundheit der Belegschaft;

(2) Sicherung des Betriebes und des Betriebseigentums.

Umstritten ist, ob der Arbeitgeber einseitig aufgrund seines Weisungsrechtes zu Leibesvisitation berechtigt ist. Die herrschende Meinung fordert eine vertragliche Grundlage bei Einzelarbeitsvertrag, Betriebsvereinbarung oder Tarifvertrag.

3. Verpflichtung zur *Gleichbehandlung:* Keine willkürliche Auswahl der zu visitierenden Personen, sondern möglichst stichprobenweise Leibesvisi-

tation unter Anwendung einer Automatik (z.B. Aufleuchten eines roten Lichtes in unregelmäßigen Abständen beim Durchgang der Belegschaftsmitglieder) zur Auswahl der Betroffenen. Leibesvisitationen und körperliche Untersuchungen dürfen generell nur in abgeschlossenen Räumlichkeiten vorgenommen werden.

Leistungsbereitschaft

1. *Allgemein:* Voraussetzung für das Erbringen von Leistungen *(Betriebsbereitschaft).* Hierzu sind nicht nur die Bereitstellung der entsprechenden Produktionsfaktoren erforderlich, sondern auch andere Vorbereitungsmaßnahmen. Aufrechterhaltung der Leistungsbereitschaft verursacht fixe Kosten (Bereitschaftskosten).

2. *Personalmanagement:* Neben der Leistungsfähigkeit grundlegende Determinante des Arbeitsverhaltens. Das Ausmaß der individuellen Leistungsbereitschaft ist unter anderem abhängig von der *physischen, aktuellen körperlichen Disposition, von* der *psychischen Leistungsmotivation, von den Erwartungen des Mitarbeiters* und auch von den *Merkmalen der Arbeitssituation,* wie etwa Tätigkeitsmerkmalen, Arbeitsplatzgestaltung, Führungsverhalten, finanziellen Anreizen, etc. Die Leistungsbereitschaft stellt den Umfang dar, indem ein Mitarbeiter bereit ist, sein Leistungsvermögen in die Leistungserstellungsprozesse einer Organisation einzubringen (Performanz Management).

Leistungsbeteiligung

Form der Erfolgsbeteiligung nach leistungsbezogenen Zurechnungsgrößen. Bemessungsgrundlage ist die im Abrechnungszeitraum erzielte Arbeitsleistung, wobei die individuelle, gruppenbezogene oder kollektive Arbeitsleistung für die Leistungsbeteiligung ausschlaggebend sein kann. Bei Überschreiten einer vereinbarten Normalleistung ist ein Erfolgsanteil auszuzahlen, beispielsweise in Form der Beteiligung an Produktivitätsgewinnen oder an Kosteneinsparungen. Die Leistungsbeteiligung ist damit unabhängig von etwaigen Markteinflüssen.

Lernen

Absichtlicher (intentionales Lernen), beiläufiger (inzidentelles und implizites Lernen), individueller oder kollektiver Erwerb von geistigen, körperlichen und sozialen Kenntnissen und Fertigkeiten. Aus lernpsychologischer Sicht wird Lernen als ein Prozess der relativ stabilen Veränderung des Verhaltens, Denkens oder Fühlens, als verarbeitete Wahrnehmung der Umwelt oder Bewusstwerdung eigener Regungen, aufgefasst (Qualifikation).

Lernstatt

Gruppe von in der Regel sechs bis acht (freiwilligen) Mitarbeitern, die eine selbst gestellte Aufgabe bearbeitet. Ursprünglich entwickelt zur besseren betrieblichen Integration von ausländischen Mitarbeitern (Lernen in der Werkstatt), wird es heute genutzt als eine Form der arbeitsplatznahen Weiterbildung in Gruppen (Training Near The Job), der das Prinzip der Selbstmoderation zugrunde liegt. Erfahrungen zeigen, dass in diesem Setting betriebliche Problemstellungen zielführend gelöst werden können (Hawthorne-Effekt). Die Lerngruppen beschäftigen sich z.B. mit Themen der bereichsübergreifenden Zusammenarbeit, der kontinuierlichen Verbesserung von Prozessen oder mit Themen, die der fachlichen, sowie der persönlichen Qualifikationserweiterung dienlich sind. Das Konzept der Lernstatt findet unter anderem seine Vertiefung im Setting des Qualitätszirkels und der Kollegialen Beratung.

Lerntheorien

Lerntheorien sind Modelle und Hypothesen, die versuchen paradigmatisch Lernen psychologisch zu beschreiben und zu erklären. Der augenscheinlich komplexe Vorgang des Lernens, also der relativ stabilen Verhaltensänderung, wird dabei mit möglichst einfachen Prinzipien und Regeln erklärt.

1. *Behavioristische Lerntheorien:* Geht von einem Zusammenhang zwischen beobachteten Reizen und den sich daraus ergebenden Reaktionen aus (Wiederholen von belohntem Verhalten, Unterlassen von bestraftem Verhalten).

2. *Kognitive Lerntheorien:* Lernen als höherer geistiger Prozess; Wissenserwerb als bewusst gestalteter und komplexer Vorgang.

3. *Theorie des sozialen Lernens:* Wissenserwerb unbewusst und individuell konstruiert durch Beobachtung, Reflexion und Nachahmung.

4. *Organisationales Lernen:* Menschen entdecken Fehler in ihren handlungsleitenden Regeln bzw. Denkmodellen und korrigieren diese.

Lerntransfer

1. *Begriff:* die Fähigkeit, eine gelernte Aufgabe auf eine andere, vergleichbare Situation zu übertragen. Übertragung und Anwendung des in einer Aus-, Fort- oder Weiterbildung (Training) erworbenen Wissens auf die berufliche Situation. Der Lerntransfer sollte bereits in der Lernsituation gefördert werden, z. B. indem Übungen im Training viele Elemente der Arbeitssituation enthalten, ausdrücklich auf die Anwendungsmöglichkeiten des Gelernten in der Praxis hingewiesen wird, die positiven Auswirkungen der Anwendung des Gelernten aufgezeigt werden etc. Ursachen für die mangelnde Umsetzung sind vielfach Umfeldbedingungen wie eingefahrene Verhaltensmuster, Arbeitsroutinen etc. Flankierende Fördermaßnahmen des Lerntransfers sollten deshalb nicht nur den betroffenen Mitarbeiter, sondern vor allem das betriebliche Umfeld einbeziehen. Optimalerweise erfolgt die Transfersicherung in Abstimmung und Kooperation zwischen Mitarbeiter und Führungskraft. Darüber hinausgehend ist dann Transfermanagement ein umfassender Prozess der ganzheitlichen und zielgerichteten Gestaltung und Steuerung von Bildungsprozessen mit dem Ziel einer langfristigen und folglich auch nachhaltigen Wirkung der Bildungsmaßnahme. Wirklich signifikante Lern- und Bildungsprozesse enden nicht mit dem Abschluss einer Weiterbildungsveranstaltung. Im Idealfall werden vielmehr dort Anstöße und Lernplattformen geboten, die ein Weiterdenken und -verfolgen erst initiieren. Gelerntes wird dann nicht nur übertragen, sondern es findet ein weiterführender Lernprozess statt, der dazu führt, dass in der jeweiligen Lebenssituation weiter gelernt wird. Wirkungsvolles Transfermanagement bedeutet daher, kreative Wege zu finden, um die Mitarbeiter des Unternehmens zum Weiterlernen zu inspirieren und diese Prozesse zu unterstützen. Anspruchsvolle Lernszenarien nutzen dazu die gesamte Bandbreite methodisch-didaktischer Gestaltungsmöglichkeiten.

2. *Arten*:

(1) Positiver Transfer: Etwas bereits Gelerntes beschleunigt das Erlernen neuer Aufgaben;

(2) Negativer Transfer: Etwas bereits Gelerntes erschwert oder blockiert das Erlernen einer neuen Aufgabe;

(3) Nulltransfer: Eine bereits erlernte Aufgabe bzw. Fähigkeit hat keinerlei Auswirkungen auf das nachfolgende Lernen;

(4) Lateraler Transfer: Ermöglicht die Übertragung des bisher Gelernten auf einen Lerninhalt mit identischem Schwierigkeitsgrad;

(5) Vertikaler Transfer: Ermöglicht die Übertragung des bisher Gelernten auf einen Lerninhalt mit höherem Schwierigkeitsgrad.

Lohn- und Gehaltskonten

Girokonto bzw. sogenanntes laufendes Konto, auf dem von Arbeitnehmern das Gehalt, die Rente oder Sozialleistungen empfangen werden, um eine bargeldlose Lohn- und Gehaltszahlung zu ermöglichen. Angeboten wird ein Gehaltskonto sowohl von Direktbanken als auch den Filialbanken. Somit kann der elektronische Geldverkehr sowohl in der Bank als auch online vorgenommen werden. Ein Gehaltskonto kann in verschiedenen Formen geführt werden: Guthabenkonto, Pfändungskonto oder, etwa bei Eheleuten, auch als Gemeinschaftskonto.

Lohnabschlagszahlung

Bereits fällige und verdiente, aber noch nicht abschließend abgerechnete Lohnzahlung. Die Lohnabschlagszahlung erfolgt entweder in kurzen Zeitabständen, etwa nach einer Woche oder zehn Tagen, nachdem die geschuldete Arbeitsleistung erbracht ist, oder etwa als vorläufige Lohnzahlung zum Monatsende, aufgrund stark schwankender Monatsbeträge. Die Lohnabschlagszahlung entspricht dabei nur näherungsweise dem effektiv verdienten Arbeitsentgelt. Die endgültige Abrechnung wird dann in größeren Zeitabständen zum zwischen Arbeitnehmer und Arbeitgeber vereinbarten Fälligkeitszeitpunkt, z. B. im Folgemonat, vorgenommen. Die Differenz zwischen der Summe der in einer Abrechnungsperiode gezahlten Abschläge und dem ermittelten Lohnanspruch, dem Restlohn, wird an dem der Abrechnung folgenden Zahltag ausgezahlt. Der Arbeitgeber hat unter anderem hinsichtlich der Lohnsteuererhebung besondere Vereinfachungsregelungen zu beachten, abgeleitet aus § 39b Abs. 5 EStG.

Lohnabzüge

Minderung des Bruttoarbeitsentgelts.

1. Lohnabzüge durch *öffentlich-rechtliche Vorschriften* (Steuergesetze und Sozialversicherungsvorschriften) angeordnet; der Arbeitgeber ist zur Vornahme des Abzuges verpflichtet, z. B. Abzug der Lohnsteuer, gegebenenfalls der Kirchensteuer und des Arbeitnehmeranteils an der Sozialversicherung.

2. Abzüge aufgrund *vertraglicher Abmachungen* der Parteien über das Arbeitsverhältnis und der sie ergänzenden gesetzlichen oder tariflichen Bestimmungen (privatrechtliche Lohnabzüge):

(1) Lohnabzüge wegen Schlechtleistung oder Schädigung. Der Arbeitgeber rechnet mit Lohnabzügen seine Schadensersatzforderungen gegen die Lohnforderung auf;

(2) Lohnabzüge kraft Zurückbehaltungsrechts des Arbeitgebers in Fällen, in denen ihm eine Gegenforderung gegen den Arbeitnehmer zusteht (z. B. Erzwingung der Rückgabe von Sachen);

(3) Lohnabzüge wegen Abtretung der Lohnforderung durch den Arbeitnehmer an einen Dritten bzw. wegen Verpfändung;

(4) Lohnabzüge bei Vertragsstrafen.

Lohnabzugsverfahren

Eines der Arbeitsgebiete der Lohnbuchführung.

1. Abzug der Beiträge zur *Sozial- und Arbeitslosenversicherung* für versicherungspflichtige Beschäftigte durch den Arbeitgeber und Abführung zusammen mit seinem eigenen Beitragsanteil an die für den Einzug des Beitrags zuständige Stelle.

2. Einbehaltung der Lohnsteuer durch den Arbeitgeber.

Lohnausgleich

1. *Lohnausgleich bei Arbeitszeitverkürzung:* Bezeichnung für die von Gewerkschaften vielfach angestrebte tarifliche Zusicherung im Rahmen von Lohnvereinbarungen, nach denen die Wochenarbeitszeit ohne Kürzung der Löhne und Gehälter aus beschäftigungspolitischen Gründen herabgesetzt werden soll.

2. Im Wege der Betriebsvereinbarung festgesetzte *freiwillige Leistung des Arbeitgebers:* Erstattung der Differenz zwischen Krankengeld und durchschnittlichem Arbeitsentgelt bei länger als sechs Wochen dauernder Krankheit.

3. *Lohnausgleich bei Schlechtwetter:* Saison-Kurzarbeitergeld, Wintergeld.

Lower Management

1. *Begriff:* Im angloamerikanischen Sprachgebrauch die untere Führungs- bzw. Leitungsebene in Unternehmungen, abgeleitet aus dem institutionellen Aspekt des Managementbegriffs.

2. Im Rahmen des *Instanzenaufbaus* ist das Lower Management dem Middle Management untergeordnet. Die Positionen des Lower Managements werden im Allgemeinen von Vorarbeitern, Meistern, Team- und Büroleitern eingenommen. Middle und Lower Management sind einem doppelten Erwartungsdruck ausgesetzt, da sie einerseits Zielvorgaben ihrer Vorgesetzten erfüllen müssen. Andererseits sind sie auch mit Erwartungen und Ansprüchen ihrer Mitarbeiter konfrontiert, denen sie im Arbeitsprozess ebenso Rechnung tragen müssen, wie gesetzlichen Vorgaben, beispielsweise den Arbeitssicherheitsvorschriften, und den definierten Prozessen der disziplinarischen Personalführung, beispielsweise im Rahmen der Leistungsbeurteilung, oder der Urlaubsplanung und Schichteinteilung. In der praxisorientierten Managementliteratur wird deshalb auch von einer „Hammer-Amboss-Situation oder Sandwich-Position" gesprochen.

3. In *funktionaler* Hinsicht ist das Lower Management mit Planungs-, Organisations-, Steuerungs- und Führungsaufgaben betraut. Im Rahmen dieser Aufgaben hat das Lower Management Routineentscheidungen zu fällen und umzusetzen; letzteres gilt ebenso für Entscheidungen von übergeordneten Stellen.

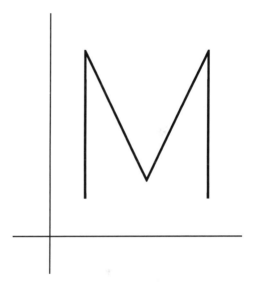

Management by Alternatives

Beim Management by Alternatives sind Problemlösungsmöglichkeiten nur unter mehrdimensionalen Aspekten zu sehen. Ziel dieser Managementmethode ist das Ausschöpfen potenzieller Möglichkeiten in Bezug auf Zielsetzung, Planung und Realisierung. Führungskonzept, das davon ausgeht, dass nur aufgrund mehrerer möglicher Alternativen bzw. alternativer Lösungsansätze eine optimale Auswahl getroffen werden kann.

Management by Breakthrough

Ist offensive Führungstaktik, unterstützt von einer aggressiv-kreativen Unternehmenspolitik. Durch eine Mobilisierung aller geistig-schöpferischen Kräfte (z. B. Brainstorming) im Unternehmen soll eine Verbesserung der Marktposition erreicht werden. Alle Aktivitäten der Führung sind auf zwei Hauptziele ausgerichtet:

1. *Dynamische Veränderungen des Unternehmens* (neue Produkte entwickeln und/oder neue Märkte erobern);

2. *Stabilisieren des Erreichten*, indem Kontrollen zur rechtzeitigen Erkennung und Abwendung von Fehlentwicklungen durchgeführt werden.

Führungskonzept, das darauf basiert, dass gezielte Brüche in bestehenden Strukturen notwendig sind, um grundlegende Änderungen vorzunehmen. Nimmt seit Jahrzehnten die zurzeit aktuelle Diskussion um disruptive Transformationsprozesse, Innovationsmanagement und die Notwendigkeit der Strategischen Neupositionierung vorweg.

Management by Communication

Management by Communication als Führungsstil setzt weitergehenden horizontalen und vertikalen Informationsaustausch der Führungsaufgabe voraus. Bei dieser Managementmethode ist die Übermittlung von Information eine zentrale Funktion der Führungskräfte. Führungskonzept, das darauf basiert, den Fähigkeiten und der Verantwortungsbereitschaft der einzelnen Mitarbeiter Spielraum zu gewähren.

Management by Objectives

Führung durch Zielvereinbarung; mehrdimensionales Führungskonzept, das auf Peter Drucker zurückgeht, der die Bedeutsamkeit von Zielvereinbarungen mit den Mitarbeitern betont. Management by Objectives (MbO) ist damit eine Erscheinungsform der Transaktionalen Führung zu charakterisieren. Durch die Partizipation der Mitarbeiter am Zielfindungsprozess soll eine Verbesserung der Informationsbeschaffung erreicht werden. MbO beinhaltet die weit gehende Delegation von Entscheidungsbefugnissen an die Mitarbeiter, regelmäßige Rückkopplung zum Grad der Zielerreichung sowie die Kopplung von Belohnungen an den Grad der Zielerreichung (siehe Abb. „Management by Objectives").

Management by Objectives

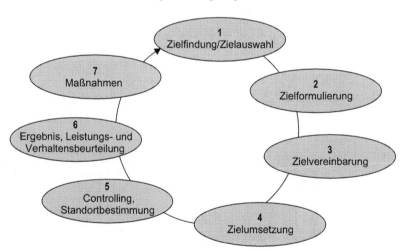

Management by Participation

Führung durch Beteiligung; Führungskonzept mit starker Betonung der Mitarbeiterbeteiligung an den sie betreffenden Entscheidungen.

Ausgangspunkt ist die These, dass die Identifikation der Mitarbeiter mit den Unternehmenszielen und auch ihre Arbeitsleistung ansteigt, je mehr diese an der Formulierung dieser Ziele mitwirken und die sich daraus ergebenden Handlungsfolgen für ihre tägliche Arbeit mitgestalten können. Konflikte zwischen den Interessen der Mitarbeiter und den Leistungserwartungen des Unternehmens werden dadurch reduziert.

Management by Results

Ergebnisorientierte Führung; zielgesteuertes Führungskonzept, gekennzeichnet durch einen systematischen Ausbau der Zielplanung zum Führungsinstrument, besonders zur Koordinierung dezentraler Entscheidungen. Management by Results ist eine, verglichen mit dem Management by Objectives, relativ autoritäre Führungskonzeption, bei der die Mitarbeiter-Aktivitäten bewusst auf eine begrenzte Zahl von ergebnisrelevanten Aufgaben eingeschränkt werden, um ein konzentriertes und qualitätsförderndes Arbeitsverhalten zu ermöglichen. Die Arbeitnehmer haben hierbei nur geringe Mitbestimmungsmöglichkeiten. Dieses Führungsprinzip liegt etwa vielen Industrie 4.0-Konzepten zugrunde, wenn von „assistierenden Arbeitsplätzen" gesprochen wird. Etwa zeigen sogenannte „intelligente Displays" beispielsweise über eine Datenbrille dem Arbeitnehmer ganz genau, welche Werkstücke er zu entnehmen und wo er diese anzubringen hat.

Management-by-Techniken

In unterschiedlichsten Formen aus dem Verlangen der Praxis nach verständlichen und einfach zu handhabenden Führungshilfen entstanden. In der Regel aus der Erfahrung von Führungskräften abgeleitet, nur bedingt auf wissenschaftlichen Erkenntnissen basierend. Diese Techniken sollen dem Management effiziente Verhaltensweisen und Richtlinien vermitteln. Sie stellen in der Regel nur einen Aspekt des Führungsprozesses in den Vordergrund und sind meist sehr plakativ formuliert. Größere Bedeutung erlangt vor allem das Prinzip des Management by Objectives, das auf psychologischen Erkenntnissen aufbaut, die eine verhaltenssteuernde Wirkung von Zielen belegen.

Managementtechniken

Praxisorientierte *Verhaltensempfehlungen* bzw. *Managementtools* für Führungskräfte zur Unternehmens- und Mitarbeiterführung. Eine Vielzahl dieser Managementtechniken wurde in den 1970er- und 1980er-Jahren entwickelt, um insbesondere jungen Führungskräften Handreichungen für den Führungsalltag anzubieten. Unter die Bezeichnung Management-by-Techniken werden diese sowohl in der Literatur als auch in der Praxis verwendet.

Managerial Grid

Verhaltensgitter; verhaltenstheoretisches Führungskonzept nach Blake/ Mouton, das zwei Dimensionen umfasst, die Sach- und die Beziehungsorientierung. Die Autoren unterscheiden 5 Verhaltensstile (siehe Abbildung): Typ 1.1 oder Impoverished Management, Typ 9.1 oder Authori-

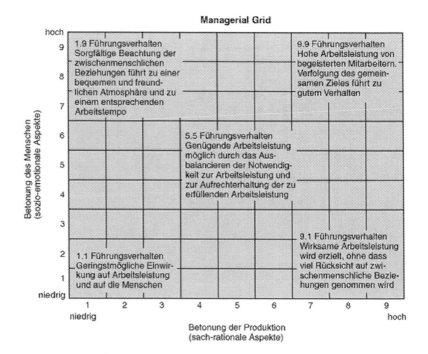

ty-Compliance-Management, Typ 1.9 oder Country-Club-Management, Typ. 5.5 oder Middle-of-the-Road-Management und Typ 9.9 oder Teammanagement. Letzterer gilt als idealtypisch. Führungskräfte, die diesen Stil verfolgen, legen gleichermaßen großen Wert auf die zu erzielenden Ergebnisse, wie auf die Bedürfnisse ihrer Mitarbeiter. Die Beziehungen sind vertrauens- und respektvoll und die Mitarbeiter arbeiten hochmotiviert.

Es besteht eine klare Orientierung hin zu übergeordneten Zielen, alles klassische Indizien für eine „High-Performance-Culture". Dieser Führungsstil zeichnet sich durch viele Parameter aus: unter anderem offene Kommunikation, Verantwortung, Vertrauen, Macht- und Entscheidungsdelegation, direkte Konfliktlösung, gemeinsame Problemlösung.

Blake/Mouton nutzen den Ansatz als Grundlage für Trainingsprogramme. Etwa ermitteln sie mit einem Fragebogen das Selbstbild der Führungskraft und spiegeln dieses am Fremdbild ihrer Mitarbeiter, fallweise an dem der Arbeitskollegen und Vorgesetzten. Insoweit ist dieser Ansatz insbesondere für Prozesse der Selbstreflexion und zur Ableitung von Entwicklungsbedarfen geeignet. Den empirischen Nachweis für den Erfolg eines bestimmten Führungsstils bleiben die Autoren allerdings schuldig. So scheitert der Versuch, allgemeingültige Aussagen zu formulieren, insbesondere dann, wenn Leistungsindikatoren zur Messung des Erfolgs von Führungsverhalten herangezogen werden (siehe Abb. „Managerial Grid").

Materielle Mitarbeiterbeteiligung

Partizipation von Mitarbeitern am Erfolg und/oder Kapital des arbeitgebenden Unternehmens.

Mediation

Mediation ist ein außergerichtliches, vertrauliches und strukturiertes Verfahren, bei dem Parteien mithilfe eines oder mehrere Mediatoren freiwillig und eigenverantwortlich eine einvernehmliche Beilegung ihres Konflikts anstreben (§ 1 Abs. 1 des Mediationsgesetzes vom 21.7.2012 – BGBl. I S. 1577). Der Mediator ist eine unabhängige und neutrale Person ohne

Entscheidungsbefugnis, die die Parteien durch die Mediation führt. Wesentliche Methoden der Mediation sind Kommunikation und Verhandlung.

1. Das *Verfahren* der Mediation ist in den §§ 2 ff. des Mediationsgesetzes geregelt: Die Parteien wählen den Mediator aus. Dritte können nur mit Zustimmung aller Parteien in die Mediation einbezogen werden. Der Mediator hat Offenbarungspflichten gegenüber den Parteien mit Blick auf seine Neutralität und Unabhängigkeit. Er unterliegt der Verschwiegenheit.

2. Die *Ausbildung* zum Mediator kann zertifiziert werden. Wer eine den Anforderungen einer Ausbildung, die durch Rechtsverordnung geregelt werden soll (bis 30.6.2015 lag zwar ein Entwurf einer Rechtsverordnung vor, eine Einigung und Veröffentlichung ist jedoch nicht absehbar), entsprochen hat, darf sich als zertifizierter Mediator bezeichnen.

3. *Evaluierung:* Die Auswirkungen des Mediationsgesetzes auf die Entwicklung der Mediation erfolgt durch einen Bericht der Bundesregierung an den Bundestag zum 17.7.2017 (§ 8).

4. *Gerichtsverfahren:* Die Vorschriften über die Mediation haben auch Eingang in die Verfahrensordnungen der verschiedenen Gerichtsbarkeiten gefunden. Nach § 253 Abs. 3 ZPO soll die Klageschrift auch die Angabe enthalten, ob der Klageerhebung der Versuch einer Mediation oder eines anderen Verfahrens der außergerichtlichen Konfliktbeilegung vorausgegangen ist, sowie eine Äußerung, ob einem solchen Verfahren Gründe entgegenstehen. Nach § 278a ZPO kann das Gericht eine Mediation oder ein Verfahren der außergerichtlichen Konfliktbeilegung vorschlagen. Wenn dem gefolgt wird, wie das Ruhen des Verfahrens angeordnet. Entsprechende oder auf die ZPO verweisende Vorschriften in §§ 54, 54a ArbGG, § 202 S.1 SGG, § 173 S.1 VwGO, § 155 FGO, § § 23, 36a FamFG.

Menschenbilder

Vorstellungen über grundlegende Wesensmerkmale des Menschen.

Zu unterscheiden sind besonders:

(1) *Complex Man:* Der Mensch hat vielfältige Bedürfnisse, die sich situationsbezogen verändern können. Der Mensch ist ein flexibles, lernfähiges Wesen.

(2) *Social Man:* Der Mensch hat überwiegend auf die soziale Einbettung bezogene Bedürfnisse; vor allem in der Phase der Human Relations dominierendes Menschenbild.

(3) *Homo oeconomicus:* Der Mensch mit auf ökonomische Zusammenhänge eingegrenzten Zügen. Modellhafte Vorstellung und Annahmen (Rationalprinzip, Nutzenmaximierung, unendliche Anpassungsgeschwindigkeit, vollkommene Transparenz). Dieses Menschenbild liegt der klassischen und neoklassischen Wirtschaftstheorie zugrunde.

(4) Menschenbild vor allem der *Transaktionskostentheorie der Unternehmung:* Opportunismus.

(5) *Theorie X* (Gegentheorie zur Theorie Y; beide von D. McGregor): Der Mensch hat eine angeborene Abneigung gegen Arbeit, ist ohne Ehrgeiz und ohne eigenen Antrieb. Zur Arbeit ist er nur noch unter Androhung von Strafe zu bewegen.

(6) *Theorie Y* (Gegentheorie von Theorie X): Der Mensch hat Freude an anspruchsvoller Arbeit; Selbstdisziplin, Verantwortung und Verstandeskraft sind seine wesentlichen Merkmale.

(7) *Homo sociologicus:* Soziologisches Menschenbild, das die soziale Rolle des Menschen und deren Verhaltensprägung in den Mittelpunkt der Betrachtungen stellt.

(8) *Realwissenschaftliches Menschenbild:* Ein an den Erkenntnissen der Natur- und Sozialwissenschaften orientiertes Menschenbild, in das biologische Erkenntnisse ebenso integriert werden wie psychologische.

Mentoring

Instrument der Personalentwicklung; im beruflichen Kontext die Tätigkeit einer erfahrenen Person, beispielsweise eines (Ex-)Managers (Mentor/in), die eine lernbereite Person, etwa eine junge, vielversprechende Führungskraft (Mentee), an ihrem fachlichen und impliziten Wissen und ihrer Erfahrungen teilhaben lässt.

Ziel ist unter anderem, die Mentees darin zu unterstützen, ihre berufliche Identität zu entwickeln und ihr aktuelles berufliches Handeln zu reflektieren. Daneben kann der Mentor dem Mentee den Zugang zu seinen Netzwerken eröffnen, ihm wichtige Entscheider vorstellen und ausgesprochene und unausgesprochenen Regeln in der Organisation erläutern. Formal zielt Mentoring auf die Förderung außerhalb des üblichen Führungskraft-Mitarbeiter-Verhältnisses. Mentoring ist damit eine auf die Teilnehmer fokussierte und geschützte Art der Beziehung. Was zwischen Mentee und Mentor besprochen wird, ist vertraulich. Sie vereinbaren miteinander, wie sie vorgehen wollen und welche Themen sie bearbeiten.

Mentoring erfordert damit von beiden Seiten ein hohes Maß an Offenheit, Vertrauen und Engagement. Im Rahmen von Mentorenprogrammen sollten Mentoren daher auf ihre Aufgabe vorbereitet werden, denn im Gegensatz zum Coaching sind diese üblicherweise nicht für diese Tätigkeit ausgebildet.

Methodenkompetenz

Fähigkeit zur Anwendung von Arbeitstechniken, Verfahrensweisen, Analysetechniken, sowie von Lernstrategien. Methodenkompetenz beinhaltet die Fähigkeit, Informationen zu beschaffen, zu strukturieren, auszuwerten, wiederzuverwerten, darzustellen, Ergebnisse von Verarbeitungsprozessen richtig zu interpretieren und sie geeignet zu präsentieren. Ferner gehört dazu die Fähigkeit zur Anwendung von Problemlösungstechniken und zur Gestaltung von Problemlösungsprozessen. Neben Fachkompetenz und Sozialkompetenz Teil einer umfassenden Handlungskompetenz. In der Managementlehre konkretisieren sich Methodenkompetenzen unter anderem in Managementtools und -techniken. Aufgrund der technologischen Entwicklung, insbesondere aufgrund der fortschreitenden Digitalisierung, hat die Relevanz von Methodenkompetenzen in den letzten Jahrzehnten zugenommen.

Middle Management

Im angloamerikanischen Sprachgebrauch die mittlere Führungs- bzw. Leitungsebene in Unternehmen und anderen Institutionen zwischen Top Management und Lower Management. Als Middle Management gelten üblicherweise Abteilungsleiter, beispielsweise Betriebs- oder Fertigungsleiter, oder kaufmännische Ressortleiter. Sie verantworten organisationale Einheiten eines Unternehmens wie z. B. Produktions- oder Servicebereiche, Revision, IT oder Logistik etc., aber auch strategisch bedeutsame Entwicklungs-/Veränderungsprojekte. Mitglieder des Middle Management sind Mitarbeiter hierarchisch höherstehender Vorgesetzter und gleichzeitig Vorgesetzte der ihnen hierarchisch nachgeordneten Führungskräfte und Mitarbeiter. Damit sind sie einem doppelten Erwartungsdruck ausgesetzt. Einerseits sind sie dafür verantwortlich, dass die mit dem Top Management vereinbarten Ziele realisiert werden. Andererseits müssen sie die Interessen und Belange der Mitarbeiter berücksichtigen, sowie das Einhalten gesetzlicher und unternehmensinterner Richtlinien durch diese sicherstellen. Die Diskussionen um schlanke Hierarchien (unter anderem Lean Management), agile Organisationsformen (unter anderem teilautonome Arbeitsgruppen, Kanban, Scrum) und Digital Leadership legen nahe, dass sich die Führungsfunktion und die Führungsaufgaben des Middle Management grundlegend verändern werden.

Mitarbeiterbeurteilung

1. *Begriff:* Planmäßige und systematische Beurteilung von Mitgliedern der Organisation durch Vorgesetzte, häufig in regelmäßigen Zeitabständen (in der Regel ein Jahr). Bewertet wird die Leistung und/oder das Verhalten und/oder die Persönlichkeit.

2. *Beurteilungsmethoden:*

Merkmalsorientierte Einstufungsverfahren: Stark standardisierte Verfahren, bei denen der Mitarbeiter anhand eines Rasters von Kriterien und einer mehrstufigen Skala bewertet wird. Klassisches Verfahren.

Zielorientierte Verfahren: Die Erreichung zuvor festgelegter Ziele wird beurteilt (Zielerreichungsgrad), dieses Verfahren gewinnt immer mehr an Bedeutung.

Rangordnungsverfahren, freie Beurteilung, Kennzeichnungsverfahren haben kaum noch Praxisbedeutung.

In der Praxis liegen oft Mischkonzepte vor, z. B. eine merkmalsorientierte Bewertung kombiniert mit Zielfeststellung und ergänzende freie Beschreibungen.

3. *Zweck:* Lohn- und Gehaltsdifferenzierung, Leistungsrückkopplung, Karriereplanung, Personalentwicklung, berufliche Weiterbildung, Personalauswahl.

Mitarbeitergespräch

Instrument der Personalführung; findet in regelmäßigen und unregelmäßigen Abständen, geplant/vereinbart oder ungeplant zwischen Führungskraft und Mitarbeiter statt. Gespräche zwischen Führungskraft und Mitarbeiter, insbesondere die formellen Mitarbeitergespräche, sind unter anderem vom Ineinandergreifen der Variablen Zielvermittlung und Feedback gekennzeichnet. Neueste Untersuchungsergebnisse, unter anderem das sogenannte Linked Personnel Panel (2013/15), belegen in diesem Zusammenhang einerseits die weite Verbreitung dieses Instrumentes der Personalführung in den deutschen Betrieben. Andererseits zeigt die Regressionsanalyse der Daten, dass Mitarbeiter, mit denen Mitarbeitergespräche geführt werden, eine signifikant höhere Arbeitszufriedenheit aufweisen und gleichzeitig ein höheres Engagement und eine höhere Verbleibebereitschaft zeigen.

Hauptformen: Zielvereinbarungsgespräch, Beurteilungsgespräch, Entwicklungsgespräch, Konfliktgespräch, Informationsgespräch, Problemlösungsgespräch.

Häufig orientieren sich diese Gespräche an Personalbögen, Checklisten oder Leitfäden, die analog oder digital den Gesprächspartnern zur Verfügung gestellt werden, unter anderem zur Vorbereitung und als Strukturierungshilfe für das Gespräch.

Mitarbeitermotivation

1. *Begriff:* Einflussnahme der Führungskraft bzw. des Unternehmens auf den Mitarbeiter, um diesen zu bewegen, sein Leistungsverhalten und/oder seine Leistungsergebnisse beizubehalten, weiterzuentwickeln oder (grundlegend) zu ändern.

2. *Mögliche Ebenen der Einflussnahme:*

(1) Materielles und immaterielles Umfeld: Arbeitsplatzbedingungen, wie etwa Sauberkeit, Arbeitsmittel, Arbeitszeit, Entlohnung, Personalentwicklung, Betriebliches Gesundheitsmanagement etc.

(2) Psychisches Umfeld: Führungsstil der Führungskraft, Zusammenarbeit mit Kollegen, Teamarbeit etc.

(3) Privates Umfeld: Familie, Freunde, Freizeit, Life-Balance etc.

Mobbing

Mobbing ist gemäß der Definition des Bundesarbeitsgerichtes das systematische Anfeinden, Schikanieren und Diskriminieren von Arbeitnehmern am Arbeitsplatz (BAG, Urteil v. 15.1.1997, 7 ABR 14/96). Mitarbeiter werden dabei durch Kollegen und/oder Vorgesetzte gezielt und über einen lang andauernden Zeitraum angegriffen und ausgegrenzt. Mobbing kann sich z. B. äußern in der Verbreitung falscher Tatsachen, in der Zuweisung sinnloser Arbeitsaufgaben, in sozialer Isolation, in ständiger Kritik an der Arbeit, in sexuellen oder rassistischen Anspielungen und in Gewaltandrohung. Bei betroffenen Arbeitnehmern führt Mobbing oft zu Leistungs- und Denkblockaden, Selbstzweifeln an den eigenen Fähigkeiten, Demotivation, starkem Misstrauen, Nervosität und sozialem Rückzug. Abgeleitet aus § 241 Abs. 2 BGB hat der Arbeitgeber gegenüber den betroffenen Arbeitnehmern Fürsorgepflichten und ist daher aufgefordert, bei Mobbing einzuschreiten, wie unter anderem das Urteil des LAG Thüringen vom 10. 4. 2001, Aktz. 5Sa 403/00, darlegt. In manchen Mobbingfällen wird der Arbeitnehmer zusätzlich durch das Allgemeine Gleichbehandlungsgesetz (AGG) geschützt.

Moderation

Moderation ist ein Instrument, welches die Kommunikation in Teams in der Art und Weise unterstützt und ordnet, dass die Ressourcen der Teilnehmer bestmöglich zum Einsatz kommen. Sie ist weiterhin eine Arbeits- und Darstellungstechnik, die der Moderator in Arbeitsgruppen, bei Konferenzen oder in ähnlichen Situationen einsetzt. Der Moderator bietet Hilfen methodischer Art zur Problemlösung oder auch Konfliktregelung an, ohne dabei inhaltlich Stellung zu beziehen bzw. Partei zu ergreifen.

Beispiele für Moderationsmethoden: Sammlung von Vorschlägen, Ideen, Meinungen der Gruppenmitglieder auf Pappkärtchen, die an Stellwände geheftet und dann geordnet werden (Kartenabfrage); anschließende Bewertung von Lösungsvorschlägen, indem die Teilnehmer eine aufgelistete Reihe von Alternativen mithilfe von Klebepunkten bewerten.

Nachhaltiges Personalmanagement

1. *Begriff*: Steht für ein Personalmanagement, das seine Handlungen, Konzepte und Strategien an langfristigem, wirtschaftlichem Erfolg und an allen betroffenen Stakeholdern ausrichtet. Es spricht dabei sowohl die Funktion der Personalführung als auch die der Personalverwaltung an.

2. *Merkmale der Nachhaltigkeit im Personalmanagement*:

(1) Personalplanung: Künftiger Personalbedarf wird im Rahmen der strategischen Unternehmensentwicklung und der Unternehmensziele auf höchster Entscheidungsebene im Unternehmen langfristig ermittelt und geplant. Dabei geht es sowohl um die kollektive wie individuelle Personalplanung, bei der eine Laufbahnplanung horizontal wie vertikal erfolgen kann.

(2) Personalentwicklung: Ebenso wie bei der Personalplanung setzt man hier auf eine langfristige Strategie, um Qualifikationen und Kompetenzen der Mitarbeiter zu erhalten und zu verbessern. Dazu bedarf es einer kontinuierlichen Situations- und Bedarfsanalyse.

(3) Personalkommunikation: Eine integrative Kommunikation in diesem Bereich umfasst interne wie externe Stakeholder, Einzelpersonen, Gruppen, Einheiten sowie Organisationen und dient der Information, Vernetzung und Werbung.

(4) Personalbeschaffung: Bei der Bereitstellung der für das Unternehmen erforderlichen Mitarbeiter geht es den Aufbau und die Aufrechterhaltung langfristig erfolgreicher und kostengünstiger Wege und Plattformen zur Personalbeschaffung, wie z. B. eine eigene interne wie externe Karriereseite, die Einstellung neuer Mitarbeiter schon als Praktikant oder Werkstudent.

(5) Personaleinsatz und -organisation: Beide Bereiche sollten bei einer jeweiligen nachhaltigen Planung integrativ miteinander verbunden sein. So geht es bei der Organisation von Prozessen beispielsweise darum, Nachfolgeregelungen zu finden, die eine gezielte Weitergabe von Wissen sichern und ein schrittweise vorgenommenes Ausscheiden aus dem Arbeitsleben ermöglichen.

(6) Personalcontrolling: Personalmanagement verstanden als strategischer Teil der Unternehmensführung und -entwicklung bedarf einer

strukturierten Transparenz und Koordinierung, um nachhaltig erfolgsgerichtet arbeiten zu können.

3. *Ziele*: Nachhaltiges Personalmanagement findet Anwendung, um den Erfolg eines Unternehmens langfristig zu sichern. Dabei geht es um gleichbleibend hohe Mitarbeiterzufriedenheit für motivierte, gesunde, innovative und produktive Mitarbeiter, Attraktivität des Arbeitsgebers am Bewerbermarkt zur Anwerbung der besten passenden Kandidaten, eine Führungskultur, die das Arbeitsklima optimiert und alle Kräfte auf die Unternehmensziele bündelt.

Nachtarbeit

1. *Charakterisierung:* Nachtarbeit ist jede Arbeit, die mehr als zwei Stunden der Nachtzeit (23 bis 6 Uhr) umfasst (§ 2 II, III ArbZG). Nachtarbeit ist meist aus technischen Gründen (z. B. Papier- oder Stahlerzeugung) oder aus Gründen der Versorgung der Bevölkerung mit bestimmten Leistungen (z. B. Krankenschwester, Polizei, Verkehrsbetriebe) unvermeidlich. Nachtarbeit ist aufgrund der festen menschlichen Tagesrhythmik (Biorhythmus) mit besonderen Problemen belastet. So erreicht die physiologische Leistungsfähigkeit in der Nacht im Durchschnitt nur unter Normal liegende Werte und auch die Tiefpunkte werden in der Nacht (ca. 3 Uhr) erreicht. Dies liegt an den sogenannten Zeitgebern, die die menschliche Physiologie in Ruhe- und Spannungszustände versetzen.

2. *Arbeitsrechtliche Regelung:* Arbeitszeit, Frauenschutz, Jugendarbeitsschutz.

Naturallohn

Sachlohn; unmittelbar in Sachgütern geleistete Form des Arbeitsentgelts; die einzig denkbare Lohnform in arbeitsteiligen Naturalwirtschaften, heute selten, da Naturallohn in den modernen Geldwirtschaften durch das Verbot des Trucksystems auf eine Ergänzung der (tariflich festgelegten) Barlohn- Vergütungen beschränkt ist (z. B. beim landwirtschaftlichen Deputat, Deputatkohle im Bergbau). Naturallohn wird nur mehr als zusätzliches Entgelt, als sogenannte Gehaltsnebenleistungen (englisch *fringe benefits*), toleriert. Hierzu zählen unter anderem Produkte aus eigener

Herstellung, Unterbringung in Werkswohnungen, private Geschäftswagennutzung, Fahrkostenzuschuss, Job-Ticket, kostenlos zur Verfügung gestellte Berufskleidung, Schuhe usw.).

Lohnsteuer: Bei der Ermittlung des lohnsteuerpflichtigen Arbeitslohns wird der Naturallohn pauschaliert dem Geldlohn zugeschlagen (Sachbezüge), § 8 Abs. 1 EStG. Ein Sachbezug wird jedoch nach § 8 Abs. 2 Satz 9 EStG bis 44 Euro im Kalendermonat nicht zum Arbeitslohn gezählt (Freigrenze).

Nettolohn

1. Der *Nettolohn* bzw. das *Nettogehalt* bezeichnet den Teil des Lohns, der an den Arbeitnehmer ausgezahlt wird und damit für den Lebensunterhalt verfügbar ist. Nettolohnrechnung ist Aufgabe der Lohnbuchführung.

2. Nettolohn als *vereinbartes Arbeitsentgelt (Nettolohnvereinbarung):* Lohnsteuer und Beiträge zur Sozialversicherung werden nach dem entsprechenden Bruttolohn berechnet; sie sind in voller Höhe durch den Arbeitgeber abzuführen.

Off-the-Job-Training

Aus-, Fort- oder Weiterbildung ohne räumliche Nähe zum Arbeitsplatz, z. B. in Lehrwerkstätten oder sonstigen Trainings- bzw. Ausbildungseinrichtungen, oder als individuelles, mobiles E-Learning – entkoppelt von der betrieblichen Arbeitszeit und vom Arbeitsplatz. Off-the-Job-Settings werden überwiegend genutzt, um einerseits betriebsübergreifende Fach- und Methodenkompetenzen zu vermitteln und um andererseits Veranstaltungen zur Persönlichkeitsentwicklung in „geschützten Räumen" anzubieten. In der Regel kombiniert mit On-the-Job-Training.

On-the-Job-Training

Arbeitsintegrierte Aus-, Fort- oder Weiterbildung zur Vermittlung arbeits-/stellenspezifischer Handlungs- bzw. Verhaltenserfordernisse.

Training-on-the-Job (im engeren Sinne) basiert letztlich auf dem Prinzip des Learning by Doing. Unter Anleitung eines Trainers, eines erfahreneren

Kollegen oder auch einer Führungskraft wird der Lernende thematisch eingeführt. Indem dieser gezielt nachfragt und gleichzeitig konkrete Aufgabenstellungen bearbeitet, ist der Lerntransfer direkt durch den Anleitenden zu beobachten, sodass letzterer unmittelbar korrigierend oder bestätigend auf den Lernenden einwirken kann. Wird in der Praxis anlassbezogen auch mit Off-the-Job-Training kombiniert.

Training-on-the-Job (im weiteren Sinne) schließt darüber hinaus mit ein: den Einarbeitungsplan, die Übertragung von Sonderaufgaben (Job Enlargement), die Übertragung erweiterter Verantwortung (Job Enrichment), etwa als Assistent, Stellvertreter oder Nachfolger, die Mitarbeit in Projekten, ein zeitlich befristeter Auslandseinsatz, oder ein geplanter Arbeitsplatzwechsel, etwa im Rahmen eines Traineeprogramms oder als Job Rotation.

Outplacement

Instrument der Personalanpassung.

1. *Grundlagen*: Outplacement bzw. Newplacement bezeichnen dabei eine von Unternehmen finanzierte Dienstleistung für ausscheidende Mitarbeiter, die als professionelle Hilfe zur beruflichen Neuorientierung und Neupositionierung angeboten wird. Im Trennungsprozess kann die professionelle Outplacement- bzw. Newplacementberatung Bestandteil der Trennungsvereinbarung sein. In der Regel trägt der Arbeitgeber die Kosten für eine externe Begleitung des gekündigten Mitarbeiters. Sie reicht bis zum Abschluss eines neuen Arbeitsvertrages oder einer Existenzgründung. Damit stellt das Outplacement bzw. Newplacement ein Instrument zur operativen Unterstützung im Rahmen der Personalfreisetzung dar.

2. *Umsetzung in der Praxis*: Die Herausforderungen einer Neupositionierung am Arbeitsmarkt werden mithilfe eines externen Beratungsunternehmens begleitet. Zunächst einmal wird eine Aufarbeitung des Arbeitsplatzverlustes angestrebt. Neben einer umfassenden Potenzialanalyse des Mitarbeiters und dem Erstellen des individuellen Qualifikationsprofils sollen persönliche Ziele definiert und Stärken und Schwächen analysiert werden. Gemeinsam entwickelte Strategien zur Bewerbungsinitiative sollen den Mitarbeiter befähigen, möglichst zügig wieder in eine Beschäfti-

gung zu kommen. In der Newplacementberatung werden Bewerbungssi-tuationen simuliert und trainiert. Dies gibt insbesondere jenen Mitarbeitern, deren aktive Bewerbungsphasen schon länger zurückliegen, Sicherheit im Umgang mit den anstehenden Einstellungsverfahren und Gesprächen. Die Begleitung durch ein professionelles Newplacement be-fähigt den Mitarbeiter seine Neupositionierung auf dem Arbeitsmarkt aktiv anzugehen.

Partnerschaft

Vor allem seit dem Zweiten Weltkrieg wirksame Bestrebungen von Unter-nehmen, im eigenen Betrieb nach neuen Formen der Zusammenarbeit mit der Belegschaft zu suchen. Sichtbarstes Ergebnis derartiger Bemühungen ist oftmals eine Erfolgsbeteiligung bzw. Kapitalbeteiligung der Mitarbeiter *(materielle Beteiligung)*, verschiedentlich ergänzt durch besondere Mit-sprache- und Mitentscheidungsmöglichkeiten *(immaterielle Mitarbeiter-beteiligung)* mit unterschiedlicher Intensität. Unter anderem belegt Edu-ard Gaugler in einer umfassenden Studie, dass Mitarbeiterbeteiligung, betriebliche Partnerschaft oder Sozialpartnerschaft, also das Verhältnis von Arbeitgeberverbänden und Gewerkschaften, wesentliche Merkmale der sozioökonomischen Entwicklung in der Bundesrepublik Deutschland sind. Diese Leitbilder und die damit verbundene Praxis von „Kooperation statt Konfrontation" in Unternehmen und Wirtschaft haben wesentlich zur Stabilität und Prosperität nach 1945 beigetragen. So setzt sich etwa die *Arbeitsgemeinschaft Partnerschaft in der Wirtschaft* (AGP) als bundes-weit tätiger Verband für die Verbreitung des Konzeptes der Mitarbeiter-beteiligung in Deutschland ein.

Ziele sind Förderung von Leistungsbereitschaft und Arbeitszufriedenheit.

Patensystem

Instrument der betrieblichen Eingliederung (Integration) von neuen Mitar-beitern in der ersten Phase der Betriebszugehörigkeit; Element in On-boarding-Prozessen. Patenkonzepte sollen neuen Mitarbeitern den Einstieg in das Unternehmen und den damit zusammenhängenden notwendigen Wissenserwerb erleichtern. Die in eine Organisation eintretende Person erhält ein mit den betrieblichen Abläufen vertrautes Mitglied, meist aus der aufnehmenden Organisationseinheit, als sogenannte Paten (englisch *Buddy*) zur Seite gestellt, der die fachlich-technische, aber auch die soziale Eingliederung erleichtern soll.

Pension

Ruhegehalt der im öffentlichen Dienst stehenden Beamten.

Pensionsverpflichtungen

Verpflichtungen (in der Regel) eines Unternehmers oder eines Unternehmens aus der Zusage einer bestimmten Alters-(Invaliden-) und/oder Hinterbliebenenversorgung.

1. *Rechtsgrundlagen:* In Betracht kommen Vertrag, Betriebsvereinbarung, Tarifvertrag, Besoldungsordnung, betriebliche Übung oder der Grundsatz der Gleichbehandlung. Begünstigt werden können nicht nur die Arbeitnehmer des Unternehmens (im arbeitsrechtlichen Sinn), sondern alle, die in einem Mitarbeiterverhältnis zum Unternehmer oder Unternehmen stehen und bei denen die Versorgung als Leistungsentgelt gewährt wird. Die Pensionsanwartschaft setzt regelmäßig eine längere Tätigkeit im Betrieb voraus.

2. *Leistungen:* Gegenstand der Pensionsverpflichtungen können sein:

(1) laufende, gleichbleibende oder steigende Leistungen in Form von Geld oder Sachwerten;

(2) eine einmalige Kapitalabfindung.

3. *Steuerrecht:* Es dürfen nur für bestimmte Pensionsverpflichtungen Rückstellungen gebildet werden. Passivierungsfähig sind nur Lasten aus solchen Pensionsverpflichtungen, die auf einer rechtsverbindlichen, vorbehaltslosen oder allenfalls mit einem steuerunschädlichen Vorbehalt versehenen Versorgungszusage beruhen.

Personal

Die Gesamtheit der Arbeitnehmer von Organisationen, die zur Realisierung von Geschäftsprozessen und damit zur Leistungserbringung beitragen. Arbeitnehmer ist, wer seine Arbeit aufgrund eines Arbeitsvertrages und somit in persönlicher und wirtschaftlicher Abhängigkeit verrichtet. Dabei gilt der Begriff Arbeitnehmer herkömmlich als Zentralbegriff des Arbeitsrechts. Zum anderen werden unter den Begriff Personal verstanden: Alle gegenwärtigen Arbeitnehmer, Leitenden Angestellten und Organmitglieder eines Unternehmens bzw. einer Organisation. Weitere gängige Bezeichnungen sind Arbeitskräfte, Belegschaft, Beschäftigte, Humanressourcen oder Mitarbeiter. Gelegentlich ist der Begriff Personal auch eine Kurzbezeichnung für Personalwirtschaft, Human Resource Management bzw. Personalmanagement.

Personalabteilung

1. *Begriff:* Die Personalabteilung ist die zuständige Organisationseinheit eines Unternehmens, die für unterschiedliche Zielgruppen Personalaufgaben erfüllt. Sie unterstützt etwa die Führungskräfte bei der operativen Führungsarbeit. Des Weiteren stellt sie für die Mitarbeiter verschiedene Servicefunktionen sicher, wie etwa Meldebescheinigungen an die Sozialversicherungsträger. In ihrer Funktion als Arbeitgebervertreter koordiniert sie unternehmensübergreifende Aufgaben, wie etwa die Planung der Gesamtpersonalkosten oder die berufliche Ausbildung entsprechend den Vorgaben des Berufsbildungsgesetzes (BBiG). Auch überwacht sie die Einhaltung von Arbeitnehmerrechten, etwa bei Krankheit oder bei Fehlverhalten unter Kollegen und ahndet arbeitnehmerseitige Verstöße, z. B. unentschuldigtes Fehlen am Arbeitsplatz über Abmahnung. Weiterhin achtet die Personalabteilung darauf, dass personale Richtlinien (z. B. Reisekostenrichtlinie) eingehalten werden, die in Abstimmung mit der Unternehmensleitung entwickelt und eingeführt wurden. Neben diesen unternehmensinternen Regelungen hat die Personalabteilung darauf hinzuwirken, dass die Mitarbeiter Gesetze beachten, z. B. dass diese Bestechung unterlassen, aber auch, dass freiwillige unternehmerische Selbstverpflichtungen und Vereinbarungen umgesetzt werden, wie etwa das Einhalten sozialer Mindeststandards und das Einführen grundlegender Umweltschutzmaßnahmen. Diese Überwachungs- und Regulierungstätigkeiten charakterisieren die Compliance- und Governancefunktion der Personalabteilung. In Stellvertretung der Geschäftsleitung ist sie schließlich Ansprechpartner für die Arbeitnehmervertreter, unter anderem Be-

triebsrat oder Gewerkschaft. Beispielsweise verhandelt und vereinbart sie in dieser Funktion verlässliche und allgemein akzeptierte Regelungen für Mitarbeiter, etwa zu deren Verhalten und zu Fragen der betrieblichen Ordnung. Schließlich erfüllt die Personalabteilung etwa im Rahmen von Veränderungsprozessen zunehmend strategische Aufgaben, beispielsweise die strategische Personal- und Kompetenzentwicklungsplanung (*strategic workforce planing*).

2. *Gestaltungsformen:*

(1) *Grundfunktionen*: Ausgehend von den Grundfunktionen des Personalmanagements nimmt die Personalabteilung Einfluss auf die Strategischen Gestaltungsfelder des Personalmanagements. In diesem Zusammenhang verantwortet sie in der Regel alle mit dem Recruiting, der Beschäftigung, der Betreuung, Entwicklung und gegebenenfalls Freisetzung von Arbeitnehmern verbundenen Aufgaben (lebenszyklusorientierte Personalarbeit);

(2) *Wertschöpfungsorientierung*: Dave Ulrich etwa fordert in seinem Buch „Human Resource Champions: The next Agenda for Adding Value and Delivering Results", dass die Personalabteilung einen klaren Beitrag zur Wertschöpfung von Unternehmen leisten soll. Er selbst schlägt für die Erfüllung des Beitrags vier Rollen vor.

(a) *Administrativer Experte*: Die Personalabteilung (HR) soll zu einem Experten dafür werden, wie die Personalarbeit zu organisieren und durchzuführen ist, sowie zur administrativen Effizienz beitragen, um sicherzustellen, dass Kosten gesenkt werden und zugleich die Qualität nicht leidet. Die Personalabteilung trägt somit zur Effizienzsteigerung der Organisation bei. Zu diesem Zweck werden die HR-Prozesse standardisiert, wobei diese fortlaufend in Effizienz, Serviceorientierung und Qualität optimiert werden. Durch kosteneffektive Administrationssysteme und Serviceprozesse unterstützt HR die Führungskräfte und Mitarbeiter an ihren Arbeitsplätzen. Hier seien „Employee Self Services" (ESS) und „Manager Self Services" (MSS) genannt.

(b) *Employee Champion*: Die Personalabteilung (HR) soll zu einem Anwalt der Beschäftigten werden, das deren Anliegen gegenüber der Unternehmensführung energisch vertritt. Gleichzeitig ist sie darum bemüht, den

Beitrag der Beschäftigten zu steigern, d. h. ihren Einsatz für das Unternehmen und ihre Fähigkeit zur Ergebnislieferung zu erhöhen. Sie sorgt für
hohe Identifikation, gewinnt, bindet und motiviert die Mitarbeiter und
sorgt dafür, dass die Unternehmenspolitik die Interessen der Mitarbeiter
integriert. Durch Berücksichtigung des regelmäßigen Feedbacks z. B.
durch Mitarbeiterbefragungen und zielgruppenspezifische Unterstüt-
zungssysteme, wie etwa Maßnahmen zur Vereinbarkeit von Familie und
Beruf, sorgt HR für Mitarbeiterzufriedenheit.

(c) *Change Agent*: Die Personalabteilung (HR) soll ein Handlungsbeauf-
tragter für den kontinuierlichen Wandel werden. Betriebsabläufe und
Unternehmenskultur sollen so gestaltet werden, dass sie zusammen die
Wandlungsfähigkeit der Unternehmen verbessern. HR stellt Weichen für
einen kulturellen Wandel im Unternehmen, der beständige Erneuerung
und Transformation beinhaltet und bereitet die Mitarbeiter auf Zukunfts-
themen vor, indem HR hierzu Instrumente und Plattformen zur Förderung
erwünschter Verhaltensweisen entwickelt.

(d) *Strategic Partner*: Die Personalabteilung (HR) soll zu einem Partner bei
der Strategieumsetzung für die Manager in der Unternehmensleitung und
der Linie werden. Als strategischer Partner unterstützt der „HR-Busi-
ness-Partner (HR-BP)" die Organisation, ihre Geschäftsziele zu erreichen.
HR partizipiert an der Entwicklung der Geschäftsstrategie, leitet seine
Personalstrategie aus dieser ab und sorgt für deren effiziente Umsetzung
im Unternehmen. Dies äußert sich unter anderem darin, dass der HR-Busi-
ness-Partner Mitglied in Leitungsgremien und strategischen Ausschüs-
sen ist. Er beschäftigt sich mit der künftigen Geschäftsplanung, strategischen Fragen der Personalpolitik, sowie der Harmonisierung von
strategischen Vorgaben und HR-Prozessen.

3. *Eingliederung in die Unternehmensorganisation*: Diese ist unter anderem
abhängig von der Bedeutung, die der Personalfunktion in einer Organisation eingeräumt wird, ferner von der Aufgabenverteilung zwischen Personalabteilung und Fachabteilung, von den tatsächlichen Einflussmöglichkeiten der Personalverantwortlichen und der Qualifikation der
Linienvorgesetzten zur Lösung von Problemen der Personalführung. Neben klassischen Strukturformen, wie etwa funktionale und objektbezoge-
ne Aufbaustrukturen, finden sich in der Praxis Projektstrukturen, Shared

Service und auch Outsourcing-Konzepte, sowie vielfältige Ausprägungs-
formen des sogenannten Drei-Säulen-Modells.

Personalakte

I. Allgemein

Über den Arbeitnehmer in der Personalverwaltung aktenmäßig oder innerhalb einer Datenbank (Personalinformationssystem) geführte Informationen.

Zur Personalakte gehören: Bewerbungsschreiben, Personalbogen, Anstel-
lungsvertrag, Zeugnisse, wichtige Belege über Gehaltsveränderungen,
Regelbeurteilungen, Verwarnungen etc. sowie Nebenakten wie Urlaubs-
oder Fehlzeitenkarteien.

II. Arbeitsrecht

1. *Grundsätzliches:* Berichte über die Dienstleistungen oder Befähigungen
der Arbeitnehmer in Personalakten sind so zu erstellen, dass sie unter Ab-
wägung der beiderseitigen Interessen ein *objektives Bild* von der Person
und den Leistungen des Arbeitnehmers ergeben.

Der Arbeitnehmer hat ein Recht auf *Einsichtnahme* in die Personalakte
(§ 83 BetrVG).

Sind die zu der Personalakte genommenen Berichte nicht sachgemäß gefasst bzw. sind zu der Personalakte genommene Abmahnungen unge-
rechtfertigt, kann der Arbeitnehmer aufgrund der Fürsorgepflicht des Arbeitgebers *Berichtigung des Berichts* bzw. *Entfernung der Abmahnung* aus
der Personalakte verlangen, gegebenenfalls auch über das Arbeitsgericht.

2. *Datenschutz:* Da Personalakten immer personenbezogene Daten enthalten, ist das Bundesdatenschutzgesetz (BDSG) zu beachten. Nach § 32
BDSG ist das Führen einer Personalakte nur zulässig, wenn es für die
Durchführung des Arbeitsverhältnisses erforderlich ist. Dies gilt nicht nur
für die elektronische Personalakte, sondern auch bei der Handakte. Dagegen gelten die Informations- und Korrekturrechte der §§ 33 ff. BDSG
nur bei der elektronischen Personalakte.

III. Beamtenrecht

Regelungen über die Personalakten in den §§ 106 bis 115 BBG für die Bundesbeamten sowie in § 50 Beamtenstatusgesetz für die Beamten der Länder, Kommunen und sonstigen Körperschaften.

Personalanzeige

Stellenanzeige; eine Personalanzeige wird von einem Arbeitgeber oder von einer Personalvermittlung geschaltet, sofern aufgrund von offenen Stellen nach neuen Mitarbeitern oder Arbeitnehmern gesucht wird. Bis in die 1990er-Jahre hinein war das Haupt-Medium für Stellenanzeigen die Tageszeitung. Mit der fortschreitenden Digitalisierung von Personalprozessen und deren gleichzeitiger Automatisierung werden offene Stellen inzwischen überwiegend über die Karrierewebseite der jeweiligen Organisation, über Online-Karriereportale wie Monster, Jobware, Stepstone, Bundesagentur für Arbeit, Indeed, oder über soziale Netzwerke wie facebook, Xing, linkedin beworben. Auf diesen Plattformen bietet sich für einen Bewerber meist die Gelegenheit, etwa über eine E-Mail mit dem jeweiligen Unternehmen in Kontakt zu treten, oder es ist möglich, sich direkt online zu bewerben. Bei der Gestaltung von Online-Stellenanzeigen ist insbesondere das Leseverhalten (Eye-Tracking) der jeweiligen Zielgruppe zu berücksichtigen.

Arten:

(1) Offene Personalanzeige, mit Namensnennung der ausschreibenden Organisation;

(2) Kennziffer-(Chiffre-)Personalanzeige;

(3) Innerbetriebliche Stellenanzeige, wenn mit dem Betriebsrat eine zusätzliche innerbetriebliche Ausschreibungspflicht gemäß § 93 BetrVG vereinbart ist.

Personalarbeit

Tätigkeiten, die von der institutionalisierten Personalabteilung wahrgenommen werden; im weiteren Sinne alle Tätigkeiten, die mit der Beschäftigung von Mitarbeitern anfallen.

Personalauswahl

Personalselektion; Entscheidung über die Besetzung einer frei gewordenen, frei werdenden oder einer noch zu schaffenden Stelle aus dem Angebot an internen und/oder externen Bewerbern, einschließlich der die Personalauswahl vorbereitenden Arbeiten. Ist der Rekrutierungsprozess mit der Wahl eines geeigneten Rekrutierungsweges angestoßen und sind erste Bewerbungen eingegangen, geht es in einem zweiten Schritt darum, die richtige Personalauswahl zu treffen. Auswahlprozesse sollten dabei mit der Analyse der Bewerbungsunterlagen beginnen, die Durchführung von Einstellungstestverfahren und gestufte Vorstellungsgespräche beinhalten, bis eine Gruppe von geeigneten Kandidaten selektiert ist, die grundsätzlich für die vakante Position infrage kommt. Um eine möglichst große Zahl an Bewerbungen sichten zu können, ohne den damit einhergehenden immensen zeitlichen Aufwand betreiben zu müssen, schlagen heute einige Unternehmen den Weg der zeitversetzten Videointerviews zur weiteren Vorselektion ein. Oder sie nutzen andere online-gestützte Bewerbungsverfahren. In den einzelnen Prozessschritten werden jeweils die besten und geeignetsten Kandidaten selektiert und in die nächste Runde eingeladen. Hierbei können verschiedene Methoden der Personalauswahl zur Anwendung zukommen, wie etwa eignungsdiagnostische Verfahren, besondere Fähigkeits- und Persönlichkeitstests, Interviews, der biografische Fragebogen sowie das Assessmentcenter. Mitunter erfolgt ein Rückgriff auf eine Personalberatung.

Am Ende dieses Prozesses steht schließlich die Entscheidung für einen Bewerber dem ein Vertragsangebot unterbreitet wird.

Personalbedarf

1. *Begriff:* Festlegung des Arbeitskräftepotenzials, das ein Unternehmen momentan bzw. zu einem zukünftigen Zeitpunkt in quantitativer und qualitativer Hinsicht benötigt, um die geplanten Aktivitäten durchführen zu können.

2. *Ermittlung des Personalbedarfs:* Dies umfasst Anzahl, qualitative Struktur und zeitlichen, gegebenenfalls auch örtlichen Einsatz der benötigten Arbeitskräfte. Daraus ergibt sich ein Sollwert, an dem sich alle personalwirtschaftlichen Maßnahmen auszurichten haben.

3. *Determinanten des Personalbedarfs:*

(1) Arbeitsaufgabe (Mengenaspekt, Aufgabeninhalt, zeitliche Struktur);

(2) Arbeitsträger (Art, Technologie der Arbeitsmittel, Arbeitskräfte selbst als Wirkungsfaktor: Belastbarkeit, Arbeitsbereitschaft, Arbeitsfähigkeit etc.);

(3) Arbeitsbedingungen (Arbeitsorganisation: Aufbauorganisation, Führungssystem etc., Arbeitsumwelt).

4. *Methoden zur Ermittlung des Personalbedarfs:*

a) *Direkte Ermittlung:* Ableitung unmittelbar aus anderen Planzahlen eines Unternehmens; ein Bestimmungsfaktor (bzw. eine Gruppe von Faktoren) wird als allein maßgeblich angesehen, der Personalbedarf von dieser Bezugsgröße abgeleitet. Voraussetzung ist die eindeutige Festlegung der unabhängigen Variablen (z. B. Jahresproduktion in Stück) und die Abhängigkeitsfunktion zwischen dieser Bezugsgröße und dem Personalbedarf. Zur Anwendung kommen Extrapolationsverfahren, Kennzahlenmethode, Korrelations- und Regressionsrechnungen.

b) *Indirekte Ermittlung:* Analyse der Auswirkungen der zahlreichen Determinanten auf die zukünftigen Qualifikationsmerkmale und die Organisationsstruktur.

Weitere Verfahren: Stellenbesetzungsmethode, Anlagen- und Arbeitsplatzmethode, Nachfolge- und Laufbahnmethode.

Mögliche Gründe für die Personalbeschaffung: Wiederbesetzung einer Stelle, Besetzung einer neuen Stelle, Schaffung eines Nachwuchspools.

Personalberatung

Teil der Managementberatung, bei der ein Personalberater einen Personalsuchauftrag für eine bestimmte zu besetzende Position erhält. Die Begriffe Personalberatung, Headhunting, Executive Search werden häufig synonym verwendet. Grundsätzlich beschreiben sie alle im Kern das Gleiche: Die Suche und Auswahl qualifizierter und oft sehr spezialisierter Fach- und Führungskräfte im Auftrag von Organisationen. Die Mitwirkung eines neutralen, geschulten Beraters soll einerseits die Direktansprache (Direktsuche) von potentialen Kandidaten ermöglichen und andererseits das Risiko einer Fehlbesetzung vermindern. Die Kosten trägt der Auftraggeber.

Personalbeschaffung

1. *Begriff: Personalrekrutierung, Personalgewinnung;* Teilfunktion des Personalmanagement mit der Aufgabe, die in einer Organisation benötigten Arbeitskräfte in qualitativer, quantitativer, zeitlicher und räumlicher Hinsicht zu rekrutieren.

2. *Maßnahmen der Personalgewinnung* werden ausgelöst, wenn eine personelle Unterdeckung festgestellt wird. Im Fall eines Fehlbedarfs erfolgt zunächst eine Entscheidung über die Art der Abdeckung. Alternativen sind dabei:

(1) Anpassung der personellen Kapazität ohne Veränderung des Personalbestandes, z. B. durch Personalleasing;

(2) Anpassung durch Veränderung des Personalbestandes, besonders durch Neueinstellung;

(3) Besetzen einer vakanten Stelle durch einen bereits vorhandenen Mitarbeiter im Wege der Versetzung, Beförderung etc. (interne Personalgewinnung).

Der Entscheidungsspielraum der Personalrekrutierung wird von zahlreichen inner- und außerbetrieblichen sowie rechtlichen Einflussfaktoren und Rahmendaten strukturiert und begrenzt, vgl. etwa Allgemeines Gleichbehandlungsgesetz (AGG), § 93 BetrVG.

3. *Instrumente der Personalgewinnung:*

(1) Anreizinstrumente: Materielle, immaterielle Anreize; Arbeitssituation als Anreizfaktor;

(2) Rekrutierungspraxis: Seit einigen Jahren vor allem online-gestützt, beispielsweise über Karrierewebsites, Online-Stellenbörsen, Social-Media-Plattformen; anlassbezogen erfolgt die Personalsuche aber auch immer noch über Printanzeigen; *direkt* über persönliche Kontaktaufnahme, z. B. Headhunting, oder über soziale Netzwerke; *indirekt* über die Einschaltung von Beschaffungsmittlern, z. B. Bundesagentur für Arbeit, Personalberatung etc.;

(3) Kommunikationspolitik: Maßnahmen der Personalwerbung, Public Relations (PR), beispielsweise: Great Place to Work und der Candidate Experience, ebenso Arbeitgeber-Bewertungsplattformen, vgl. etwa Kununu. Über die Instrumente der Personalrekrutierung soll ein genügend großer Kreis an geeigneten Bewerbern erschlossen werden. Die Instrumente sind dann zielführend kombiniert, wenn ein bestimmter Recrutierungsbedarf zu vertretbaren Kosten gedeckt wird. Die Wirksamkeit der einzelnen Instrumente ist im Hinblick auf die jeweilige Gruppe potentieller Bewerber und die jeweils relevanten Segmente der Arbeitsmärkte zu bewerten. Die strategische Bedeutung eines professionell gestalteten Rekrutierungsprozesses ist dabei unstrittig, wenn es gilt, die Gesamtperformanz einer Organisation zu erhalten, auszubauen und nachhaltig zu stärken. Denn qualifizierte Mitarbeiter sind heute mehr denn je einer der entscheidenden Faktoren für den Erfolg einer Organisation und dies nicht erst seit der Diskussion um den sogenannten Fachkräftemangel.

4. Im Zuge eines *Auswahlprozesses* ist der für die Organisation am ehesten geeignete Bewerber zu ermitteln. Diesem wird dann ein Arbeitsvertrag unterbreitet, gegebenenfalls wird mit ihm auch darüber verhandelt. Hat ein Bewerber das Vertragsangebot angenommen, ist die Einarbeitung des neuen Mitarbeiters am Arbeitsplatz, das sogenannte Onboarding, zu organisieren. Neben dem Kennenlernen der Arbeitskollegen, mit denen er regelmäßig zusammenarbeiten wird, sind hier die Einführung in die Arbeitsabläufe und die Unterstützung über zusätzliche Qualifizierungsmaßnahmen hilfreich, um die Potenziale des Mitarbeiters möglichst schnell im Sinne der Organisation einsetzen zu können.

Personalcontrolling

Zielt im Allgemeinen auf die Planung, Steuerung und Kontrolle der personalwirtschaftlichen Prozesse und Ergebnisse eines Unternehmens ab. Die konsequente ökonomische Betrachtung des Personalbereiches obliegt damit dem Personalcontrolling. Hierbei liegt häufig der Fokus auf der Ermittlung quantitativer Dimensionen, wie Personalkosten oder Personalaufwand. Das Personalcontrolling sollte sich allerdings nicht in einer rein kostenorientierten Betrachtung erschöpfen, sondern darüber hinaus auch qualitative Aspekte, psychologische wie soziale, betrachten.

Aufgaben und Interessengruppen: Eine zentrale Aufgabe des Personalcontrollings ist es, dem Management personalbezogenen Informationen bereitzustellen. Um dieser Aufgabe gerecht werden zu können, muss das Personalcontrolling die zentralen Kennzahlen, die sogenannten Key Performance Indicators, festlegen und erheben.

Personaleinsatz

Teilprozess der Personalplanung, in dem die Arbeitsaufgaben in quantitativer und qualitativer Hinsicht Mitarbeitern zugeordnet werden. Ziel ist eine möglichst genaue Deckung zwischen Anforderungs- und Qualifikationsprofil sowie des kurz- bis mittelfristigen Personalbedarfs in einem Unternehmensbereich.

Personalfreisetzung

Die Verminderung des personellen Produktivitätspotenzials eines Unternehmens. Daneben wird der Begriff auch für personelle Einzelmaßnahmen verwendet, deren Ziel die Beendigung von Arbeitsverhältnissen ist. Veränderungen und Anpassungen organisatorischer Art sind fester Bestandteil eines kontinuierlich stattfindenden Organisationsentwicklungsprozesses in Unternehmen. Dabei bedeuten Personalanpassungsmaßnahmen immer eine tiefgreifende Veränderung für die betroffenen Mitarbeiter, aber auch für das Unternehmen in Gänze. Ob diese Maßnahmen als Personalumstrukturierung, Personalabbau, Kündigungen, Downsizing oder anders bezeichnet werden ist dabei nebensächlich. Vor dem Ausspruch einer Kündigung sollte gegebenenfalls auch die Suche nach alternativen Einsatzmöglichkeiten für Mitarbeiter zu bedenken sein. Durch personelle Anpassungen entsteht in einem Unternehmen immer eine Dynamik, die es zu lenken gilt. Denn auch in Maßnahmen zur Personalanpassung können Chancen für Mitarbeiter wie auch Unternehmen liegen.

Gründe: Übersteigt der aktuelle Personalbestand den Personalbedarf oder ist offensichtlich, dass dieser Umstand eintreten wird, so sind Personalanpassungsmaßnahmen einzuleiten. Es liegt somit ein Personalüberhang vor, der auch als negativer Nettopersonalbedarf bezeichnet wird.

Maßnahmen: Die Personalanpassung umfasst dabei alle Maßnahmen, mit denen der Personalüberhang in qualitativer, quantitativer, örtlicher und zeitlicher Hinsicht abgebaut wird. Hierbei werden Maßnahmen unterschieden, die mit oder ohne Personalabbau einhergehen. Maßnahmen ohne Personalabbau zielen darauf ab, das zur Verfügung stehende Arbeitskräftepotenzial des Unternehmens zu vermindern, ohne Kündigungen auszusprechen. Maßnahmen mit Personalabbau beenden dagegen die Zusammenarbeit mit einem oder mehreren Mitarbeitern.

(1) *Maßnahmen ohne Reduktion der Gesamtbelegschaft:* Umsetzung bei partiellen Überkapazitäten, Abbau von Überstunden, Arbeitszeitverkürzung, Kurzarbeit, Rückruf von Lohnaufträgen (Insourcing).

(2) *Maßnahmen mit Reduktion der Gesamtbelegschaft:*

(a) Nichtersetzen des natürlichen Ausscheidens von Personen bei Fluktuation, Ruhestand, Tod.

(b) Förderung des freiwilligen Ausscheidens durch Abfindungsangebote.

(c) Entlassungen.

Personalführung

1. *Begriff:* Zielgerichtetes soziales Einflusshandeln im Rahmen von Profit- oder Non-Profit-Organisationen. Beteiligte sind neben einer Führungskraft mindestens ein dieser weisungsmäßig unterstellter Mitarbeiter.

2. Grundlegende *Führungsaktivitäten* sind Anweisung, Koordination und Überwachung bzw. Informieren, Instruieren und Motivieren.

3. *Machtgrundlagen* für die Ausübung von Einfluss können unter anderem sein: Belohnungs- und Bestrafungsmacht, legitimierte Macht, Referenzmacht, Expertenmacht (Weg-Ziel-Ansatz).

4. Unterschiedliche Formen der Verhaltensbeeinflussung finden im Führungsstil ihren Ausdruck.

5. Als idealtypische *Dimensionen des Führungshandelns* (Führungsverhalten) gelten Mitarbeiterorientierung (Consideration) und Aufgabenorientierung (Initiating Structure).

Personalgewinnung

Begriffliche Alternative zu Personalbeschaffung, die dem zeitgemäßen Verständnis von Personalmanagement adäquat Rechnung trägt.

Personalkartei

Früher analoges, inzwischen überwiegend digitales Informations- und Ordnungsmedium, das mitarbeiterbezogene Daten, die sogenannten Personalstammdaten, ausweist. Die gespeicherten Daten dienen der eindeutigen Identifikation der im Unternehmen beschäftigten Mitarbeiter und von ehemals beschäftigten Arbeitnehmern. Hierbei sind die jeweils gültigen Aufbewahrungsfristen zu beachten, die sich etwa aus arbeitsrechtlichen Ansprüchen, aus Versorgungsansprüchen und aus steuerrechtlichen Aufzeichnungs- und Aufbewahrungsfristen ergeben. Die gespeicherten Daten dienen vor allem bei personellen Einzelmaßnahmen als Entscheidungshilfe.

1. Als Informationsmedium enthält die Personalkartei für jede Person eine stichwortartige Übersicht über gesetzlich bzw. verwaltungsrechtlich vom Arbeitgeber abverlangte Daten, sowie betrieblich erforderliche Informationen. Dies sind unter anderem Personalnummer, Name, Geschlecht, Anschrift, Bankverbindung, Steuerklasse, Steueridentifikationsnummer, Verdienstgruppe, aktuelles Gehalt, Sonderleistungen, Krankenkasse, Sozialversicherungsnummer, Auszeichnungen, Verwarnungen, Abmahnungen, Stellung im Betrieb, berufliche Entwicklung, Beurteilungen durch Führungskräfte etc.

2. Als *Ordnungsmittel* kann die Personalkartei angelegt sein als manuell oder als digital geführte Personalkartei (Personalinformationssystem).

3. Als *Entscheidungshilfe* ist die digitale Personalkartei insbesondere in die automatisierten administrativen Basisprozesse im Personalmanagement eingebunden. Darüber hinaus hält sie grundlegende Daten bereit, auf die im Rahmen der transaktionalen Personalarbeit immer wieder zurückgegriffen wird, etwa bei Personalplanung, Recrutierung, Personalentwicklung und Personalanpassung.

Personalkennzahlen

1. *Begriff:* Aus Personaldaten gewonnene Verhältniszahlen. Personalkennzahlen informieren über Sachverhalte, die für personalwirtschaftliche Entscheidungen von Bedeutung sind. Ihr Aussagewert ist jedoch auf quantitativ erfassbare Vorgänge beschränkt.

2. *Bezugsgrößen:*

a) *Personalstruktur:* Aufschlüsselung des Personalbestandes, z. B. nach Geschlecht, Alter, Nationalität, formaler Qualifikation, Art des Entgeltes, Dauer der Betriebszugehörigkeit etc.

b) *Arbeitsproduktivität:* Outputgrößen (z. B. Stückzahlen, Umsätze), zum Arbeitseinsatz als Inputfaktor in Beziehung gesetzt. Die Arbeitsproduktivität kann global oder aber für spezifische Leistungsbereiche dargestellt werden.

c) *Personalaufwand:* Zeigt die kostenmäßige Bedeutung des Personaleinsatzes, z. B. Personalaufwand pro Kopf (Personalaufwand: durchschnittlicher Personalbestand einer Periode), Personalaufwand je Arbeitsstunde, Personalintensität (Personalaufwand in Prozent des Umsatzes, der Herstellungskosten etc.).

d) *Verhalten:* Als Indikatoren für Sachverhalte, die sich auf die Arbeitsproduktivität und den Personalaufwand auswirken, z. B. Fluktuation, Fehlzeiten, Beteiligung am betrieblichen Vorschlagswesen, Zufriedenheit.

Personalkontrolle

Teilgebiet der Personalverwaltung. Die Personalkontrolle dient meist der Identitätsfeststellung einer Person durch berechtigte Personen oder mittels technischer/digitaler Lösungen, wie etwa Vereinzelungsanlagen, Fingerabdruck- und Irisscanner. Als personalwirtschaftliche Maßnahme umfasst sie:

(1) die Überwachung der Einhaltung vereinbarter *Arbeitszeiten:*

(a) das Führen eines Ein- und Ausgangsbuches;

(b) Stempeluhr, Kontrolluhr;

(c) die Abgabe nummerierter Kontrollkarten beim Pförtner;

(d) RFID-basierte Systeme, unter anderem mittels Zutrittskarten;

(e) mobile Endgeräte mit spezifischen APP-Lösungen.

(2) Kontrolle von *Behältnissen,* z. B. Taschen, Rucksäcke, Pakete, Koffer etc., beim Betreten oder Verlassen des Betriebsgeländes.

Personalleiter

Hauptberuflich für Personalfragen verantwortlicher Abteilungs- oder Hauptabteilungsleiter von Unternehmen, in denen planmäßige Personalarbeit betrieben wird.

Personalmanagement

Human Resource Management; Summe aller personalen Gestaltungsfelder und Einzelmaßnahmen zur Unterstützung der aktuellen und zukünftigen *Unternehmensentwicklung* (Business Development) und der damit einhergehenden Veränderungsprozesse (Organisationsentwicklung).

Vergleichbare Begriffe sind Personalwesen, Personalwirtschaft.

Personalmarketing

Prozess des Anwerbens von potenziell geeigneten und des Abhaltens von ungeeigneten Kandidaten für ein unternehmensspezifisches Auswahlverfahren. Ziel ist es, einen hohen prozentualen Anteil an geeigneten Personen in den jeweiligen Bewerbergruppen sicher zu stellen.

Vakante Positionen werden etwa über klassische Stellenanzeigen, Online-Bewerbungsplattformen, über die Mitarbeiter einer Organisation, Personalberatungen und Headhunter und viele weitere Kommunikationskanäle so platziert, dass geeignete Personen auf die entsprechende Stelle aufmerksam werden und sich zu einer Bewerbung entschließen. Hierbei ist die Arbeitgebermarke (Employer Branding) von zentraler Bedeutung. Nimmt nun eine Person Kontakt zur Organisation auf, ist es weiterhin bedeutsam möglichst jede Begegnung eines Bewerbers mit dem potenziellen Arbeitgeber in ein positives und motivierendes Erlebnis zu wandeln. Der Kandidat sollte sich während des gesamten Bewerbungsprozesses als Kunde behandelt fühlen (Candidate Experience Management). Damit werden auch der Auswahlprozess und das Auswahlverfahren letztlich zum Instrument des Personalmarketing. Ist schließlich ein Arbeitsvertrag rechtsgültig geschlossen, schließt sich der Einarbeitungs- und Einbindungsprozess der neuen Mitarbeiter an (Onboarding). Die zügige Integration letzterer ist besonders wichtig, damit keine unüberbrückbaren Diskrepanzen (kognitive Dissonanzen) in und zwischen den Erwartungshaltungen der neuen Mitarbeiter und dem Arbeitgeber entstehen, die im schlechtesten Fall zu einer Auflösung des Arbeitsverhältnisses durch einen der Beteiligten führen. Das Binden der neuen Mitarbeiter an die Organisation ist damit ebenfalls als Gestaltungsfeld des Personalmarketings zu begreifen. Hierbei ist unter anderem die Förderung eines positiven Arbeitgeberimages bedeutsam, das allerdings auch die Organisationsrealität widerspiegeln sollte. Ein gutes Arbeitgeberimage, beispielsweise „Great Place to Work®", fördert die Mitarbeiterbindung, da sich die Mitarbeitenden stärker mit ihrem Arbeitgeber identifizieren können.

Personalplanung

1. *Begriff:* Personalplanung ist die gedankliche Vorwegnahme zukünftiger personeller Maßnahmen. Personalplanung soll dafür sorgen, dass kurz-, mittel- und langfristig die im Unternehmen benötigten Arbeitnehmer in der erforderlichen Qualität und Quantität zum richtigen Zeitpunkt, am richtigen Ort und unter Berücksichtigung der unternehmenspolitischen Ziele zur Verfügung stehen. Die Personalplanung ist Teilaufgabe der Personalwirtschaft und Teil der Unternehmensplanung.

2. *Teilbereiche:* Personalplanung vollzieht sich in mehreren Prozessabschnitten:

(1) Ermittlung des Personalbedarfs;

(2) Planung der Personalbeschaffung;

(3) Planung der Personalentwicklung;

(4) Planung des Personaleinsatzes;

(5) Planung der Personalfreisetzung.

3. *Voraussetzungen:* Eine aussagekräftige Personalplanung verlangt, dass umfassende Informationen über die Stellen, Personen, interne und externe Faktoren in die Planung einfließen. Hierzu ist ein gut ausgebautes, dem Datenschutz Rechnung tragendes Personalinformationssystem erforderlich.

4. *Arbeitsrechtliche Regelungen:* Nach § 92 BetrVG ist der Betriebsrat hinsichtlich der Personalplanung zu informieren und beratend zu beteiligen. Entsprechend dem Zweck der Vorschrift umfasst der Begriff der Personalplanung vor allem den *gegenwärtigen und künftigen Personalbedarf in quantitativer und qualitativer Hinsicht,* zudem die sich aus dem Personalbedarf ergebenden *personellen Maßnahmen.* Die Unterrichtung muss umfassend sein, soweit eine Planung bereits vorliegt. Das Stadium der Planung ist erreicht, wenn die Überlegungen über Personalbedarf und Personaldeckung soweit gediehen sind, dass man sie als Vorgabe ansehen kann, nach der der Arbeitgeber in der betrieblichen Personalpolitik künftig verfahren will.

Nach § 92 II BetrVG kann der Betriebsrat, soweit eine Personalplanung noch nicht besteht, dem Arbeitgeber Vorschläge für ihre Einführung und Durchführung machen. Der Arbeitgeber ist nicht verpflichtet, den Vorschlägen zu folgen.

Personalpolitik

Häufig synonym zu den Begriffen *Personalwesen, Personalmanagement, Personalwirtschaft* verwendet. Der Begriff Politik umfasst das Setzen von Zielen, Strukturierung von Aufgaben und Durchführung von Maßnahmen. Damit ist naturgemäß jedes betriebliche Handeln auch ein politisches Handeln. Zum einen aktualisiert sich die Personalpolitik in *personalen Grundsatzentscheidungen* der Unternehmensleitung, beispielsweise in der Entscheidung betriebliche Ausbildungsplätze anbieten zu wollen, oder auf betriebsbedingte Kündigungen verzichten zu wollen. Zum anderen konkretisiert sich die Personalpolitik in den Kompetenz- und Gestaltungsfeldern im Personalmanagement, etwa als Arbeitszeitpolitik, oder Entgeltpolitik, aber auch beispielsweise in Leitlinien zur Führung und Zusammenarbeit, in Regularien zum Gender Mainstreaming, in einer Lebensphasenorientierten Personalpolitik und in Compliance-Regeln. Im engeren Sinne umfasst Personalpolitik die Ziel- und Umsetzungsplanung personeller Einzelentscheidungen bzw. Maßnahmen sowie deren Realisierung.

Personalverwaltung

Summe aller administrativen/transaktionalen personalbezogenen Maßnahmen und Personalprozesse in einer Organisation, d. h. das Anwenden der Regelungen des geltenden Rechts bzw. der geltenden Rechtslage vom Sozialrecht bis zur Betriebsvereinbarung, das Erledigen aller Formalitäten von der Personaleinstellung bis zur Personalfreisetzung, das Bearbeiten der laufenden Mitarbeiteranträge und Meldebescheinigungen, das Führen der digitalen Personalprozesse (z. B. digitale Personalakte), das Führen der Personalstatistik, das Abwickeln der Lohn- und Gehaltszahlungen. In manchen Organisationen sind die administrativ/transaktionalen Personalprozesse in sogenannten HR-Service-Centern gebündelt. Durch die fortschreitende Digitalisierung wird es einerseits zu einer weiteren Verschlankung und Optimierung von administrationsnahen HR-Leistungen kommen. Durch digitale HR-Prozesse ändert sich aber andererseits auch die Art und Weise, wie administrativ/transaktionale HR-Leistungen erbracht werden. Beispielsweise können Tätigkeiten hin zum Anwender verlagert werden, etwa über sogenannte Employee/Manager Self Services. Einfache Prozesse können sogar komplett automatisiert abgewickelt werden, wie etwa die Zeiterfassung über mobile Zeiterfassungs- und Zeitmanagement-Produkte.

Personalwerbung

Teilbereich der Personalrekrutierung; Einsatz spezifischer analoger und digitaler Kommunikationsmittel, z. B. Stellenanzeigen, Videos, Plakate, Tag der offenen Tür und Nutzung vielfältiger Kommunikationskanäle, z. B. Unternehmenshomepage, soziale Netzwerke, Karriereportale, Job-Börsen, um potenzielle Bewerber zu einer Bewerbung auf ausgeschriebene Stellen oder generell zu einer Initiativbewerbung zu veranlassen.

Personalwesen

Traditionelle, teilweise aus der Mode gekommene Bezeichnung für den Umgang mit Personal im Sinn von lebendiger Arbeit. Der Begriff Personalwesen soll zum Ausdruck bringen, dass der Mensch nicht losgelöst von seiner Person und seinem sozialen Wesen betrachtet werden kann. Der Objektbereich des Personalwesens muss deshalb auch die relevanten Problemstellungen aus den Gebieten Arbeits- und Sozialrecht, Arbeitswissenschaften, Verhaltens- und Geisteswissenschaften einbeziehen.

Seit geraumer Zeit ersetzt durch andere Bezeichnungen wie *Personalmanagement, Human Resource Management, Personalpolitik, Personalwirtschaft.*

Personalwirtschaft

I. Begriff

Mit dem Begriff Personalwirtschaft ist der Umgang mit lebendiger Arbeit in Wirtschaftsorganisationen bzw. Unternehmen gemeint. Alternative Bezeichnungen sind Personalwesen, Personalmanagement, teilweise auch Personalpolitik sowie Human Resource Management. Personalwirtschaftliches Gestalten und Handeln lässt sich zwei Problemkreisen zuordnen, nämlich erstens der personellen Verfügbarkeit und zweitens der personellen Wirksamkeit.

II. Erster Problemkreis

1. *Personelle Verfügbarkeit*: Personelle Verfügbarkeit betrifft die folgenden Gestaltungs- und Handlungsfelder: Ermittlung des Personalbedarfs, Anpassung der personellen Kapazität, Personalauswahl/Selektionsentscheidungen, Einstellung und Eingliederung, Arbeitszeitgestaltung sowie Trennung von Mitarbeitern.

2. *Ermittlung des Personalbedarfs:* Die Ermittlung des Personalbedarfs ist eine zukunftsorientierte Aktivität und damit Teil personalplanerischer Maßnahmen. Ziel ist die Verwirklichung einer langfristig angemessenen Personalstruktur in quantitativer und qualitativer Hinsicht.

3. Anpassung der personellen Kapazität: Die Anpassung der personellen Kapazität stellt sich dar als Maßnahmen der Personalgewinnung, personelles Disponieren bei unverändertem Personalbestand, Anordnung von Mehrarbeit oder Kurzarbeit, innerbetriebliche Versetzungen, Umwandlung von Arbeitsverträgen und Personalleasing (Arbeitnehmerüberlassung) oder Überstundenabbau sowie Maßnahmen der Personalreduzierung durch Ausnutzung des natürlichen Personalabgangs (Fluktuation, Erreichen des Rentenalters etc.), Ausscheiden infolge vorzeitigen Ruhestands und Abschluss von Aufhebungsverträgen sowie durch Massenentlassungen.

4. *Personalauswahl:* Personalauswahl erfolgt in der Absicht, die Eignung von möglichen künftigen Mitarbeitern im Hinblick darauf festzustellen, ob sie die ihnen zugedachten Aufgaben auch tatsächlich erfüllen können. Dies herauszufinden ist Anliegen der Eignungsdiagnostik.

5. *Einstellung und Eingliederung:* Durch die Einstellung wird das Arbeitsverhältnis im juristischen Sinn begründet. Grundlage ist ein Arbeitsvertrag, hinsichtlich dessen Zustandekommens der Grundsatz der Abschlussfreiheit gilt. Fördern lässt sich die fachliche und persönliche Eingliederung in das Unternehmen durch Eingliederungsprogramme (z. B. Seminar zum Kennenlernen des Unternehmens, Aushändigung eines „Handbuchs für neue Mitarbeiter" etc.). Wirksam erleichtern werden kann sie durch Stellung eines Paten.

6. *Arbeitszeitgestaltung:* Wichtigste Grundlage für die Gestaltung der Arbeitszeit ist das Arbeitszeitgesetz. Darüber hinaus ist die Arbeitszeit eine Domäne kollektivvertraglicher Vereinbarungen (Tarifverträge, Betriebsvereinbarungen). In Ausnahmefällen ist eine individualrechtliche Regelung möglich.

7. *Trennung von Mitarbeitern:* Eine (im juristischen Sinn) unproblematische Form der Trennung liegt vor, wenn ein Arbeitnehmer das Arbeitsverhältnis von sich aus kündigt. Geht die Trennungsabsicht vom Unternehmen aus, kompliziert sich die Sachlage erheblich, denn eine Entlassung ist nur bei Vorliegen besonderer Gründe möglich (Kündigung). Die natürlichste Art der Trennung stellt das Ausscheiden von Mitarbeitern durch Erreichen der Altersgrenze dar. In psychisch-sozialer Hinsicht ist sie jedoch

häufig keineswegs problemlos. Durch einen gleitenden Übergang in den Ruhestand (flexible Altersgrenze) kann das Überwechseln in den dritten Lebensabschnitt erleichtert werden.

III. Zweiter Problemkreis

1. *Personelle Wirksamkeit* betrifft folgende Gestaltungs- und Handlungsfelder: Mitarbeiterqualifizierung, Laufbahngestaltung, Aufgabengestaltung, Entgeltgestaltung sowie Personalführung.

2. *Mitarbeiterqualifizierung:* Vornehmlich als Folge des Technikwandels und des allgemeinen Bedeutungsgewinns von Wissen hat die (Aus- und) Weiterbildung der Mitarbeiter einen zunehmend hohen Stellenwert bekommen. Daneben erfordern die stärkere Verbreitung von Gruppen- und Teamarbeit sowie veränderte Anforderungen an Vorgesetzte ein hohes Maß an Sozialkompetenz. Aus Unternehmensperspektive bedarf es vor diesem Hintergrund eines proaktiven Qualifikationsmanagements; aus Mitarbeitersicht besteht Anlass, in der permanenten Qualifizierung einen integrativen Bestandteil des Arbeitslebens zu erblicken. Im Konzept der (qualifikationsbezogenen) Personalentwicklung sind beide Interessenrichtungen berücksichtigt.

3. *Laufbahngestaltung:* Beschaffenheit und Ausrichtung der in Unternehmen existierenden Laufbahn- bzw. Karrieresysteme determinieren die beruflichen Entwicklungsmöglichkeiten der Mitarbeiter. Bei neutraler Verwendung des Karrierebegriffs ist dabei neben der vertikalen (hierarchischer Auf- oder Abstieg) auch an die horizontale (Wechsel in neue Funktionsbereiche) und zentripetale (stärkere Einbezogenheit in Entscheidungen) Entwicklungsrichtung zu denken. In der Praxis überlappen sich die erwähnten Entwicklungsrichtungen teilweise. Aufgabe der Potenzialbeurteilung ist es, das Entwicklungspotenzial von Mitarbeitern abzuschätzen.

4. *Aufgabengestaltung:* Das Erfordernis einer „menschengerechten" Gestaltung der Arbeit bezieht sich auf den Arbeitsplatz, die Arbeitsumgebung und vor allem auf den Arbeitsinhalt. Die arbeitswissenschaftlich-ergonomische Gestaltung des Arbeitsplatzes muss sich sowohl an den Aufgaben als auch an den sich aus der Aufgabenerfüllung ergebenden Belastungen und Beanspruchungen orientieren. Faktoren der Arbeitsum-

gebung – vor allem Beleuchtung, Farbe im Arbeitsraum, Schall und Lärm, Klima – wirken von außen auf den Arbeitsplatz ein. Bei unzweckmäßiger Gestaltung machen sie sich durch Belastung und Beanspruchung bemerkbar und sind daher als Leistungsvoraussetzungen zu interpretieren. Die Gestaltung des Arbeitsinhalts nimmt Einfluss auf die (intrinsische) Motivation.

5. *Entgeltgestaltung:* Entgelthöhe und Entgeltstruktur sind hier zu Lande weitgehend eine Domäne kollektivvertraglicher Regelungen. Nur bei der Entlohnung von Führungskräften gibt es beträchtliche Spielräume für einzelvertragliche Abmachungen. Daher können hier Anreizaspekte von Entgeltsystemen und Individualisierungsgesichtspunkte stärker berücksichtigt werden (Cafeteria-System, Individualisierung). Aus motivationaler Sicht ist davon auszugehen, dass das Entgelt ein (nahezu) universelles Mittel der Bedürfnisbefriedigung darstellt, dazu geeignet, eine Vielzahl individueller Motive anzusprechen. Dies erschwert es gelegentlich, seine Wirkungen auf das Arbeitsverhalten abzuschätzen.

6. *Personalführung:* Personalführung ist zielgerichtetes soziales Einflusshandeln. Wird sie als eine Beziehung interpretiert, in der eine Person eine oder mehrere andere Person(en) bei der Durchführung einer gemeinsamen Aufgabe anweist, koordiniert und überwacht, so sind damit grundlegende Führungsaktivitäten angesprochen. An führungstheoretischen Grundpositionen ist zu unterscheiden etwa zwischen dem eigenschaftstheoretischen Ansatz, in dessen Mittelpunkt zur Führung (angeblich) prädestinierende Persönlichkeitsmerkmale stehen (Eigenschaftstheorie der Führung), dem situationstheoretischen Ansatz, der die situativen Merkmale des Führungshandelns in den Vordergrund stellt (Situationstheorien der Führung), dem Weg-Ziel-Ansatz der Führung, der nicht den Vorgesetzten, sondern die zu führenden Mitarbeiter mit der Begründung fokussiert, dass sich Führungserfolg in deren (leistungsbezogenem) Verhalten niederschlägt, sowie der Substitutionstheorie der Führung, die nach den Bedingungen fragt, unter denen sich direktive Führung erübrigt.

Peter-Prinzip

Ein von L.J. Peter und R. Hull (1969) formuliertes, satirisch gemeintes Prinzip, das sich mit den Aufstiegspraktiken in Organisationen beschäftigt.

Grundidee: Wenn die Beförderung von der Bewährung auf einer hierarchisch niedrigeren Position abhängig ist, wird in einer ausreichend komplexen Hierarchie jeder Beschäftigte so lange befördert, bis er seine Stufe der Inkompetenz erreicht hat.

Anforderungen an das Personalmanagement: J. Billsberry leitet aus diesem Prinzip drei Anforderungen an das Personalmanagement ab:

1. Damit sich Mitarbeiter nicht auf eine Position begeben, der sie nicht gewachsen sind, benötigen sie ein regelmäßiges, nachvollziehbares und ehrliches Feedback (Leistungsbeurteilung).

2. Um Schwächen in der Selektion geeigneter Kandidaten zu reduzieren, sollte unter Achtung des Mehraugenprinzips im Rahmen von Potenzialfeststellungsverfahren über potentielle Kandidaten auf den einzelnen Hierarchieebenen diskutiert und eine Reihenfolge festgelegt werden (Management-Audit).

3. Damit der Wissens- und Erfahrungshintergrund der Potenzialkandidaten erhalten und ausgeweitet wird, ist eine konsequente berufsqualifizierende Weiterbildung und Karriereplanung notwendig.

Potenzialanalyse

Eignungsdiagnostische Verfahren, mit denen die latente Eignung einer Person für eine Stelle ermittelt werden soll. Auf dieser Grundlage soll abgeschätzt werden, über welche Entwicklungsmöglichkeiten die Person verfügt und in welchem Maße sie von gezielten Schulungsangeboten profitieren könnte.

Potenzialbeurteilung

Beurteilung der Entwicklungsmöglichkeiten der Fähigkeiten eines Mitarbeiters unter dem Gesichtspunkt einer strategischen Personalentwicklung.

Hauptaufgabe ist folglich, auf Basis einer Bestandsaufnahme die Einsatzfähigkeit eines Mitarbeiters für zukünftige Aufgaben zu antizipieren und Aussagen darüber zu treffen, welche Entwicklungsmaßnahmen notwendig oder förderlich sind, damit zukünftige Aufgabenstellungen und Situationen gemeistert werden können. Auch wenn Potenzialbeurteilungen als prognostische Verfahren gelten, sind sie keineswegs als statisch zu sehen. Ihre Aufgabe ist auch, dynamischen Prozessen Rechnung zu tragen. Der Potenzialbeurteilung werden unterschiedliche Verfahren zugeordnet: Die biografische Datenerfassung, das Mitarbeitergespräch mit der Führungskraft im Sinne eines Entwicklungs- oder Fördergespräches, das Führungskräftefeedback, ein Peer Rating, Assessment Center, Hearings, Audit-Verfahren, 360°-Feedback, aber auch weiterführende psychologische Testverfahren (z. B. IQ-Test) lassen sich hierbei nennen.

Praktikant

1. *Begriff:* Arbeitnehmer, der sich einer bestimmten Tätigkeit und Ausbildung in einem Betrieb unterzieht, die Teil oder Vorstufe einer anderweit zu absolvierenden Ausbildung (z. B. Hochschulstudium) ist.

Anders: Volontär (mehr allgemeine praktische Orientierung im Betrieb).

2. Die *Anstellungsverträge* der Praktikanten können verschieden ausgestaltet sein: Es kann ein Arbeitsverhältnis (Arbeitsvertrag) vereinbart sein. Ist dies nicht der Fall, weil Ausbildungszwecke im Vordergrund stehen, sind gemäß § 19 BBiG mit einigen Ausnahmen die Vorschriften des Berufsbildungsgesetzes anzuwenden; nach § 10 BBiG ist dann eine angemessene Vergütung zu zahlen.

3. *Versicherungspflicht/-schutz:* Übt ein Praktikant die Tätigkeit gegen Entgelt und aufgrund der Vorschriften der Ausbildungs- oder Prüfungsordnung aus, so ist er gemäß § 5 I Nr. 1, 10 SGB V und § 20 I Satz 2 Nr. 10 SGB XI versicherungspflichtig. Findet das Praktikum während des Studiums als ordentlicher Studierender statt, besteht Versicherungsfreiheit (§ 6 I Nr. 3 SGB V, § 5 I Nr. 3 SGB VI, § 27 IV SGB III). Grundsätzlich genießt ein Praktikant Unfallversicherungsschutz.

Programmlohn

Vereinbarter Festlohn in der Einzelfertigung. Programmlohn garantiert einer Arbeitsgruppe für einen bestimmten Zeitraum ein bestimmtes Lohnniveau. Für Teilfertigungen (Programme) werden der Arbeitsgruppe Zeiten vorgegeben. Eine besondere Vergütung für Zeitunterschreitungen findet nicht statt, da der gesamte Arbeitsablauf dadurch nicht beschleunigt werden kann.

Psychologischer Vertrag

Teil des Beziehungsverhältnisses zwischen Arbeitnehmer und Arbeitgeber, der meist über den (juristischen) Arbeitsvertrag hinausgeht. Bestandteile eines psychologischen Vertrages sind meist unausgesprochene, wechselseitige Erwartungen der beiden Vertragsparteien aneinander, die im Arbeitsvertrag nur unzulänglich oder gar nicht verankert werden können (sozialer Tausch). Beispiele hierfür sind faire Behandlung, Arbeitsplatzsicherheit, persönliche Entwicklungschancen, andererseits die Bereitschaft zur Weiterqualifizierung, loyales Arbeitsverhalten, Extra-Rollenverhalten usw. Nimmt beispielsweise der Arbeitnehmer Brüche im psychologischen Vertrag wahr, dann sind geringere Ausprägungen im Engagement, Commitment, der Arbeitszufriedenheit, aber auch der Arbeitsleistung und höhere Kündigungsabsichten feststellbar.

Da sich die jeweiligen Erwartungen der Vertragsparteien im Zeitverlauf ändern können, ist der psychologische Vertrag in Abständen zu hinterfragen, um Missverständnisse zu reduzieren.

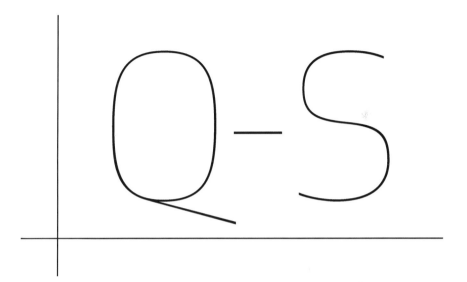

© Springer Fachmedien Wiesbaden GmbH, ein Teil von Springer Nature 2019
Springer Fachmedien Wiesbaden (Hrsg.), *250 Keywords Personalmanagement*,
https://doi.org/10.1007/978-3-658-23656-4_10

Qualitätszirkel

Quality Circle; Arbeitsgruppe von Mitarbeitern eines Unternehmens (in der Regel drei bis 8 Personen), welche sich freiwillig, in der Regel hierarchielos und selbstorganisiert zusammenfinden. Sie erörtern und analysieren selbstgewählte Themenfelder und Schwachstellen ihres Aufgabengebietes, um Problemlösungen bzw. Verbesserungsvorschläge zu erarbeiten und umzusetzen. Die Gruppe überprüft dabei die erzielten Ergebnisse selbst. Der Qualitätszirkel trifft sich regelmäßig; ein Teilnehmer übernimmt die Moderatorenfunktion.

Ziel ist meist die Verbesserung der Arbeitsbedingungen und der qualitativen Arbeitsleistung; daneben soll die persönliche Entwicklung der Mitarbeiter (Selbstwertgefühl und Sozialkompetenz), sowie die Zusammenarbeit unter den Teilnehmern befördert werden (Kommunikationsverhalten; Gruppendynamik). Die Erfahrungen mit Qualitätszirkeln sind in der Praxis überwiegend positiv; sie zeigen sich sowohl im Bereich ergebniswirksamer Verbesserungen (betriebliches Vorschlagswesen, Fluktuation, Anwesenheitsquote, Prozessverbesserung, Arbeitsergebnisse), sowie im qualitativen Bereich (Corporate Identity, zwischenmenschliche Beziehungen, Qualitätsbewusstsein, Motivation).

Reallohn

Indikator für die reale Kaufkraft des Nominallohns, also bereinigt um Preisniveausteigerungen. Ergibt sich als Verhältnis zwischen dem Nominallohn (in Geldeinheiten pro Stunde) und dem Preisindex (Geldeinheiten für einen Warenkorb) und stellt somit den Warenkorb dar, der in einer Stunde Arbeit verdient worden ist.

Referenz

1. (Geschäftliche) Empfehlung.

2. (Vertrauens-)Personen oder Institutionen, bei denen man eine Referenzauskunft einholen kann.

3. Angabe von Referenzen bei Angeboten, die einen Überblick über abgeschlossene Projekte mit Nennung der Auftraggeber geben, oder bei

Bewerbungen, die einen Überblick über erworbene Qualifikationen, Kompetenzen und Fähigkeiten und über das Sozialverhalten vermitteln.

Reihenuntersuchung

Planmäßige, meist vorbeugende ärztliche Untersuchung des Gesundheitszustandes bestimmter Alters- oder Bevölkerungsgruppen, z. B. von Jugendlichen, Angehörigen polizeilicher oder militärischer Verbände, aber auch von Belegschaftsmitgliedern bestimmter Industrie- oder Handwerkszweige. Bei Betreibern von kerntechnischen Anlagen dienen die Untersuchungen etwa der Feststellung vorhandener spezieller Strahlenbelastungen; in Nahrungsmittel- und Dienstleistungsbetrieben werden Mitarbeitende etwa auf Infektionen hin untersucht, z. B. Typhus, TBC, Geschlechtskrankheiten etc.

Reihenuntersuchungen erfolgen:

(1) im Rahmen des öffentlichen Gesundheitsdienstes, vielfach aufgrund gesetzlicher oder polizeilicher Vorschriften;

(2) im Rahmen des werkärztlichen Dienstes der Betriebe.

Sabbatical

Arbeitszeitmodell: Eine zeitlich zusammenhängende Phase (un-)bezahlten Urlaubes, auch als Sabbatjahr, Langzeiturlaub, Sonderurlaub bezeichnet; nicht selten bis zu einem Jahr, der teilweise oder ganz unter anderem durch Ansparen von Urlaubsansprüchen möglich wird. Nutzung durch den Arbeitnehmer in der Regel zu außerberuflichen Zwecken, zur Persönlichkeitsentwicklung und auch zur Fort- und Weiterbildung. Zur Realisierung kann entweder Zeit oder Geld angespart werden. Zeit kann auf einem Langzeitarbeitszeitkonto anspart werden, Geld kann in Form von Gehaltsverzicht zurückgelegt werden. Konkret bedeutet dies, ein Mitarbeiter arbeitet in Vollzeit, verzichtet aber auf einen Teil seines Gehaltes, um diesen während seines Langzeiturlaubes ausbezahlt zu bekommen. Der Arbeitgeber ist dabei unter bestimmten Voraussetzungen verpflichtet (§ 7e SGB IV.), Langzeitkonten gegen Insolvenz abzusichern.

Weitere Modellvarianten: Unbezahlter Sonderurlaub, Teilzeitmodell. Nach Beendigung des Urlaubes kehrt der Mitarbeiter wieder an seinen Arbeitsplatz zu denselben Arbeitsbedingungen zurück. Das Sabbatical ist arbeitsvertraglich zu regeln.

Schichtarbeit

Arbeitsorganisatorisch bedingte Arbeitszeitregelung, bei der die Lage der individuellen Arbeitszeit von der als üblich betrachteten Tagesarbeitszeit abweicht. Aufgrund des Biorhythmus ist besonders Nachtarbeit problematisch. Schichtarbeit kann sich ferner negativ auf das soziale Umfeld des Schichtarbeiters auswirken.

Schwarzes Brett

Anschlagtafel innerhalb der Betriebsräume an allgemein sichtbarer Stelle zur Bekanntmachung von Mitteilungen an alle Betriebsangehörigen. Jeder Anschlag am Schwarzen Brett ist von einem dafür Verantwortlichen zu genehmigen, um wildes Plakatieren zu unterbinden und dafür zu sorgen, dass die Anschläge nach der vorgesehenen Aushängefrist wieder entfernt werden.

Senioritätsprinzip

Grundsatz für den betrieblichen Aufstieg, wonach dieser nur dem jeweils Dienstältesten bzw. dem Ältesten an Lebensjahren zusteht. In Japan bis in die jüngste Vergangenheit durchgängig für alle Hierarchieebenen praktiziert. Im nordamerikanischen und zentraleuropäischen Raum ist das Senioritätsprinzip nur in bestimmten Berufsgruppen oder auf bestimmten Hierarchieebenen üblich.

Sozialkompetenz

1. *Im weiteren Sinne:* Kommunikative (Dialogfähigkeit), integrative (Konsensfähigkeit) und kooperative (Teamfähigkeit) Fähigkeiten eines Menschen, die aus der Sozialisation bzw. aus dem sozialen Lernen entstehen.

2. *Im engeren Sinne:* Kommunikative Fähigkeiten, die im Zusammenhang mit Gruppen- und Teamarbeit, aber auch im Kontakt mit Kunden und

Lieferanten von Bedeutung sind. Gilt neben Fachkompetenz und Methodenkompetenz als Teil einer umfassenden Handlungskompetenz.

Soziallohn

Teil der Vergütung im Rahmen einer sozialgerechten Entgeltgestaltung durch Berücksichtigung unter anderem des Alters und der Dauer der Unternehmenszugehörigkeit, des Familienstandes oder der Zahl der Kinder. Ist eine Form des Bedürfnislohns. Daneben sollen hierüber auch soziale Nachteile ausgeglichen werden, die sich aufgrund des Arbeitsverhältnisses ergeben, etwa indem Zuschüsse zum Kantinenessen, oder Fahrtgeld durch den Arbeitgeber gewährt werden.

Sonderform: Familienlohn.

Sozialzulage

Zulage zum Tariflohn, die ähnlich wie bei Beamten und öffentlich Bediensteten auch in der Wirtschaft aufgrund von Einzelarbeitsvertrag, Betriebsvereinbarung oder Tarifvertrag aus sozialen Gründen gewährt werden kann, z. B. Verheiratetenzulage, Kinderzulage, Alterszulage, Wohnungs- oder Trennungsgeld.

Soziogramm

Grafische Darstellung der interpersonellen Beziehungen im Unternehmen anhand von Ergebnissen soziometrischer Messungen (Transaktionsanalyse; Systemischer Ansatz). Ein häufiges Anwendungsgebiet stellt die Analyse der Beziehungen zwischen den Abteilungen und den Individuen in einem Unternehmen dar, um Arbeitsabläufe zu optimieren.

Stammbelegschaft

Kernbelegschaft; industriesoziologische Bezeichnung für die Gruppe von Arbeitnehmern, die aufgrund ihrer Qualifikation, etwa als betriebsnotwendiger Fach- oder Spezialarbeiter, und aufgrund ihrer Betriebsbindung bzw. ihrer betriebsspezifischen Erfahrung bedeutsam für einen geregelten Betriebsablauf sind. Diese Arbeitnehmergruppe ist in der Regel auch in konjunkturellen Krisenzeiten nicht oder kaum von Entlassung bedroht.

Stellenangebot

Instrument der Personalbeschaffung, mit dem sich eine Organisation an das interne (innerbetriebliche Stellenausschreibung) und externe Arbeitskräftepotenzial wendet, um vakante Stellen zu besetzen.

Inhalt: Darstellung des Anforderungsprofils der Stelle, des Eintrittstermins, der erwünschten Bewerbungsunterlagen, der Ausschreibungsfrist und weiterer Informationen für den potenziellen Bewerber.

Stellenbeschreibung

1. *Begriff:* Verbindliche, in schriftlicher Form abgefasste Fixierung der organisatorischen Eingliederung einer Stelle im Betrieb hinsichtlich der damit verbundenen Ziele, Aufgaben, Kompetenzanforderungen, Pflichten etc. Ist ein Instrument der Personalplanung.

2. *Bestandteile:* Bezeichnung der Stelle und ihres organisatorischen Ranges in der Hierarchie, Kompetenzen, aktive und passive Stellvertretung, Tätigkeitsgebiet, spezielle Aufgaben.

3. *Zweck:* Schaffung einer transparenten, umfassenden und überschneidungsfreien Ordnung der Zuständigkeiten; Eingliederung der Stelle im Unternehmen, Hilfsmittel bei der Arbeitsbewertung, der Karriereplanung, der Personalführung, der Ermittlung des Personalbedarfs.

4. *Nachteile:* Fixierte Aufgabenbeschreibungen können zu organisatorischer Inflexibilität und Stellenegoismus führen. Bestandteile: Stellenbezeichnung, Rang, Stelleneinordnung, Unterstellung, Überstellung, Stellvertretung, Ziele der Stelle, Aufgaben, Stellenbefugnisse, Anforderungen.

Stellengesuch

Anzeigen in Online-Stellenbörsen, in Zeitungen oder Fachzeitschriften, in denen ein Stellensuchender seine Arbeitskraft und seine Kompetenzen einem potenziellen Arbeitgeber anbietet, mit der Absicht, eine neue Arbeitsstelle zu finden.

Strategische Gestaltungsfelder des Personalmanagements

1. *Personale Interventionsstoßrichtungen*: Das Personalmanagement befördert vier zentrale organisationale Grundfunktionen, die für den Zusammenhalt bzw. den Bestand sozialer Systeme elementar sind. Hieraus leiten sich vier generelle Interventionsstoßrichtungen für das Personalmanagement ab:

a) das Aufrechterhalten eines allgemeinen Lernklimas,

b) das Aufrechterhalten der Kooperations- und Konfliktfähigkeit,

c) das Aufrechterhalten der Performanz des Gesamtpersonals und

d) die Reflexion und Weiterentwickeln zentraler Werte und Verhaltensnormen.

2. *Der Strategic HRM-Navigator™*: Mit den vier generellen Interventionsstoßrichtungen des Personalmanagements sind insbesondere sechs strategische Gestaltungsfelder komparabel. Über diese werden sowohl die organisationalen als auch die personalen Grundfunktionen von Sozialen

Strategische Gestaltungsfelder des Personalmanagements

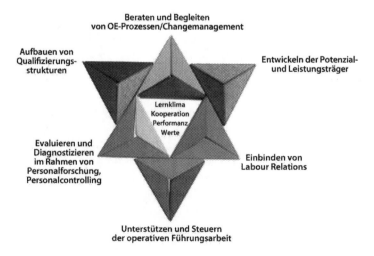

Systemen bedient bzw. abgedeckt. Diese grundlegenden Kompetenz und Gestaltungsfelder bilden die Eckpfeiler des Strategic HRM-*Navigator*™.

Die sechs Gestaltungsfelder sind damit auch die zentralen Interventionsplattformen des Personalmanagements, die zum Erhalt einer Organisation beitragen und ihre Innovationskraft stärken. Über Qualifizierungsstrukturen wird die Lernbereitschaft der Mitarbeiter einer Organisation gefördert, ebenso wie über eine systematische Potenzial- und Leistungsträgerentwicklung. Die operative Führungsarbeit stärkt beispielsweise sowohl die Kooperations- als auch die Performanzfunktion. Letztere ist wiederum eingebettet in die regulatorischen Rahmenbedingungen der Labour Relations und kann gestützt auf Simulationsberechnungen des Personalcontrollings auch bei sich ändernden Marktgegebenheit aufrechterhalten werden.

Schließlich wird die Kulturdimension befördert und erfahrbar über die operative Führungsarbeit, die tatsächlich gelebte Labour Relations und die konkrete Ausgestaltung von Veränderungs- und Qualifizierungsprozessen.

Stretch Goals

Sehr herausfordernd definierte Ziele. Stretch Goals sind stark fordernd, haben häufig eine innovative, bisher nicht oder kaum bearbeitete Themenstellung zum Inhalt, z. B. first man on the moon, sind aber nicht unmöglich zu realisieren. Stretch Goals sind dann sinnvoll, wenn Mitarbeiter, Organisationseinheiten oder Organisationen bereits ein hohes Leistungsniveau aufweisen und erfolgreich sind und wenn ausreichend bzw. überschüssige Ressourcen vorhanden sind. Stretch Goals wirken sich sowohl förderlich, als auch hemmend auf Menschen und Organisationen aus.

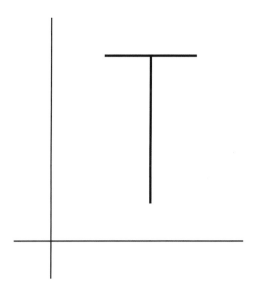

Springer Fachmedien Wiesbaden (Hrsg.), *250 Keywords Personalmanagement*,
https://doi.org/10.1007/978-3-658-23656-4_11

Tag der offenen Tür

Medium der externen Public Relations (PR). Zählt zusammen mit der Betriebsbesichtigung und Werksführung zu den Event- und Ausstellungsaktivitäten eines Unternehmens, mit dem Ziel allen Interessierten Informationen über den Betrieb zu verschaffen bzw. einen Kontaktanknüpfungspunkt zu liefern. Typischer Ablauf: Betriebsführung, Informationen zum Unternehmen, unterhaltsames Rahmenprogramm, Bewirtung.

Teilautonome Arbeitsgruppe

Selbststeuernde Arbeitsgruppe; Konzept der Arbeitsgestaltung, insbesondere in der Produktion. Das Vorgehen geht auf den soziotechnischen Systemsatz des Tavistock-Institutes (England) zurück, welches vor allem im Zuge seiner Einführung in den Volvo-Werken in Kalmar (Schweden) in den 1960er-Jahren bekannt geworden ist. Eine Kleingruppe von 3-8 Mitarbeitern übernimmt eine komplexe Aufgabe, deren Bearbeitung von der Gruppe selbstständig (teilautonom) vorgenommen wird. Dabei sind auch klassische Führungsfunktionen wie Arbeitsvorbereitung, Arbeitsorganisation und Ergebniskontrolle an die Gruppe delegiert, sodass sie über Entscheidungs- und Kontrollkompetenzen verfügt. Je nach den Sachverhalten, die der Arbeitsgruppe zur eigenverantwortlichen Bearbeitung übertragen werden, können verschiedene Grade der Selbststeuerung unterschieden werden. Die weitest reichende Verselbstständigung der Arbeitnehmer kann im Extremfall sogar auf die klassische Führungsfunktion verzichten, da möglichst alle Arbeiten von jedem Mitglied der Arbeitsgruppe beherrscht werden sollten, womit Hierarchien überflüssig werden können.

Als *Ergebnis* dieser Maßnahme lassen sich eine höhere Arbeitszufriedenheit, eine hohe intrinsische Motivation, vielfältiges Extra-Rollenverhalten, sowie verringerte Fehlzeiten beobachten.

Telelearning

1. *Begriff:* Bezeichnung für eine Lernsituation, in der sich der bzw. die Lehrende(n) und der bzw. die Lernende(n) an voneinander getrennten Orten befinden.

2. *Erklärung:* Im Gegensatz zum Teleteaching verläuft das Telelearning asynchron, d. h. Lehren und Lernen findet nicht zeitgleich statt. Es kann differenziert werden zwischen offenem und kooperativem E-Learning. Beim offenen E-Learning fungiert das Internet in erster Linie als Informations- und Verteilungsplattform. Beim kooperativen E-Learning findet zudem auch ein wechselseitiger Austausch von Informationen, in der Regel in Form von Kommunikation statt.

Weitere, ähnliche Formen des virtuellen Lernens: Fernlernen, Open Distance Learning.

Teleteaching

1. *Begriff:* Bezeichnung für eine Lernsituation, in der sich der, bzw. die Lehrende(n) und der, bzw. die Lernende(n) an voneinander getrennten Orten befinden.

2. *Erklärung:* Im Gegensatz zum Telelearning erfolgt das Teleteaching synchron, d. h. Lehren und Lernen findet zur selben Zeit statt. Verwendet werden hierfür z. B. moderne, mediale Kommunikationsformen wie Videokonferenzen mit integrierten Shared Workspaces.

Weitere, ähnliche Formen des virtuellen Lernens: Fernlernen und Open Distance Learning.

Theorie des Reifegrades

Verhaltensorientiertes Führungskonzept von Hersey/Blanchard, die empfehlen, dass eine Führungskraft ihren Führungsstil entsprechend des individuellen Reifegrades bzw. Entwicklungsstandes der Mitarbeiter wählen sollte. Der Reifegrad des Mitarbeiters bestimmt sich dabei über die beiden Facetten Kompetenz und Commitment. Kompetenz umfasst dabei übertragbares Wissen, Fähigkeiten, Fertigkeiten und Erfahrungen, über die eine Person in Bezug auf ihre Aufgaben verfügt. Unter Commitment versteht man im weitesten Sinne das Engagement eines Mitarbeiters, wie zum Beispiel dessen Motivation, Selbstvertrauen und seine Leistungsbereitschaft hinsichtlich der zu bewältigenden Aufgaben. Die Autoren unterscheiden 4 verschiedene Stufen des Reifegrades:

M1: geringe Reife (Motivation, Wissen und Fähigkeiten fehlen),

M2: geringere bis mäßige Reife (Motivation, aber fehlende Fähigkeiten),

M3: mäßige bis hohe Reife (Fähigkeiten, aber fehlende Motivation),

M4: hohe Reife (Motivation, Wissen und Fähigkeiten vorhanden).

Zusätzlich grenzen sie 4 Führungsstile gegeneinander ab:

Unterweisung (Telling): Die Führungskraft sieht ihre Mitarbeiter als Untergebene. Sie sagt ihnen, was, wie, wann und wo zu tun ist.

Verkaufen (Selling): Die Führungskraft argumentiert rational oder emotional, um die Mitarbeiter zur Akzeptanz der Aufgabenstellung zu bewegen.

Partizipation (Participating): Die Führungskraft und die Geführten entscheiden gemeinsam.

Delegation (Delegating): Die Führungskraft beschränkt sich auf gelegentliche Kontrollen und überlässt die Aufgabenerfüllung ihren Mitarbeitern.

Grundsätzlich gehen Hersey/Blanchard davon aus, dass es keinen idealtypischen Führungsstil gibt. So können je nach Situation und Reifegrad der Mitarbeiter unterschiedliche führungsspezifische Vorgehens- und Verhaltensweisen erforderlich bzw. erfolgreich sein. Mit zunehmendem Reifegrad nimmt allerdings die Aufgabeorientierung ab und die Beziehungsorientierung zu.

Top Management

1. *Begriff:* Bezeichnung für den Tätigkeitsbereich der obersten Ebene in der hierarchischen Organisationsstruktur der Unternehmung.

2. *Funktionen:* In Unternehmen zählen in der Regel der Vorstand bzw. die geschäftsführenden Direktoren zum Top Management. In ihrer Kompetenz liegt besonders die Festlegung der langfristigen Unternehmenspolitik bzw. der strategischen Ziele und die Durchsetzung einer entsprechenden Planung und Strukturierung des Unternehmens.

Das *Top Management vertritt* das Unternehmen nach außen und stellt die Kontakte zu Institutionen außerhalb des Unternehmens her, wie etwa Behörden, Fachverbänden, Gewerkschaften etc. Das Top Management ist Träger der Verantwortung für alle Aktivitäten seines Unternehmens, z. B. gegenüber den Eigentümern oder der Gerichtsbarkeit.

Tracking Stocks

Alphabet Stock, Mirror Stock, Targeted Stock; US-amerikanische Finanzinnovation im Eigenkapitalbereich. Tracking Stocks geben einem Investor die Möglichkeit, sich an einem oder mehreren Geschäftsbereichen (Tracked Units) eines Unternehmens zu beteiligen. Hauptgründe für Einführung:

(1) Steigerung des Shareholder Value;

(2) Mittel der Eigenkapitalaufnahme;

(3) Nutzung als Akquisitionszahlungsmittel;

(4) Abwehrmaßnahme gegen feindliche Übernahme. Anwendung des Konzepts von deutschen Unternehmen aus rechtlicher Sicht noch unklar, da die Trennung der Geschäftsbereiche eine getrennte Rechnungslegung und Kontrolle erfordern.

Traineeprogramm

Spezielle Erscheinungsform des Berufseinstieges für Hochschulabgänger. Während der Laufzeit erfolgt eine systematische, mit dem Einsteiger (Trainee) abgestimmte Rotation durch verschiedene Abteilungen und Funktionsbereiche einer Organisation.

Dauer: Mindestens sechs bis höchstens 24 Monate.

Ausgestaltung: Ergänzend zu den wechselnden Einsatzbereichen werden in der Regel begleitende Qualifizierungsprogramme angeboten. Diese dienen insbesondere der Vertiefung von betriebsspezifischen Fachthemen und Managementmethoden, sowie der Persönlichkeitsentwicklung. Die Trainees werden so angehalten, abteilungsübergreifend zu denken und zu handeln. Dies soll bewirken, dass sie in ihrem späteren beruflichen Werdegang innerhalb der Organisation nicht nur die Interessen des jeweils eigenen Fachbereiches berücksichtigen, sondern auch die Auswirkungen auf andere Organisationsbereiche in ihre Überlegungen und ihr

Handeln mit einbeziehen. Daneben können sich die Trainees ein unternehmensübergreifendes Netzwerk an Kontakten aufbauen, das ihnen und ihrem jeweiligen Organisationsbereich hilfreich sein kann. Dieses Ansinnen wird häufig zusätzlich über die Möglichkeit der Teilnahme an Mentorenprogrammen befördert. Grundsätzlich erhöht ein Traineeprogramm die Visibilität der Teilnehmenden. Somit dienen Traineeprogramme dazu, vielseitig einsetzbare Leistungs- und Potenzialträger zu qualifizieren und zu entwickeln.

Training Group

Zusammenfassender Ausdruck für eine systematisch zusammengestellte Schulungsgruppe, die ein auf ihre Bedürfnisse zugeschnittenes Schulungsprogramm (Tailormade Training Cours) absolviert.

Transaktionsanalyse (TA)

Die sozialpsychologische Theorie und Methodik der Transaktionsanalyse (TA) geht auf Eric Berne zurück. Wie für psychotherapeutische Schulen typisch, umfasst sie unter anderem ein Menschenbild, ein Erklärungsmodell für die Entstehung, Beschreibung und Veränderbarkeit von menschlichen Verhaltensweisen und hieraus abgeleitete Handlungsempfehlungen. Zentrale Fragen in diesem Zusammenhang sind: Warum verhalten, denken und fühlen Menschen so, wie sie es tun? Warum kommunizieren und interagieren Menschen so miteinander, wie sie es tun? Welche Probleme können hierbei wo und wie entstehen, bei Einzelpersonen, in zwischenmenschlichen Beziehungen (Dyade, Gruppen) und in sozialen Systemen? Wie können diese Probleme, Störungen bei Einzelpersonen, in Beziehungen und in sozialen Systemen beziehungsförderlich gelöst werden, sodass eine qualitative Weiterentwicklung der Kommunikation und Interaktion möglich wird?

Trucksystem

Im Zeitalter des Frühkapitalismus gebräuchliche Form des Arbeitsentgelts, in Deutschland seit 1855 verboten (Truckverbot). Beim Trucksystem ist der Lohnberechtigte verpflichtet, in voller oder anteiliger Höhe seines Lohnanspruchs Ware aus dem Erzeugungsprogramm des Betriebs zu übernehmen. Da der Arbeiter zum Lebensunterhalt den Großteil dieser Güter wieder veräußern muss, übernehmen die Arbeiter für den Unternehmer zum Teil Absatzfunktion und -risiko. Die Folgewirkung ist die Ausbeutung, da Arbeiter aufgrund ihrer schwachen Stellung an einem lokal begrenzten Markt im Allgemeinen nur einen geringen Preis erzielen.

Springer Fachmedien Wiesbaden (Hrsg.), *250 Keywords Personalmanagement*,
https://doi.org/10.1007/978-3-658-23656-4_12

Umzugskosten

Wird ein Arbeitnehmer aus dienstlichen Gründen an einen weit entfernten Ort versetzt, hat er Anspruch auf Erstattung der ihm durch einen Umzug entstandenen Kosten. Entstehen Umzugskosten dagegen bei Dienstantritt, brauchen diese vom Arbeitgeber nicht ersetzt zu werden, wenn sich dieser dazu nicht ausdrücklich verpflichtet hat.

Unternehmensplanspiel

Eine modellhafte Simulation von Unternehmensprozessen; häufig IT-gestützt oder webbasiert. In den USA entwickelte Lehr- und Lernmethode, die ihren Ursprung in militärischen Planspielen hat. Trainiert werden insbesondere Management- und Führungskompetenzen, wie etwa das Ermitteln von Ausgangslagen, die Analyse von Einflussfaktoren, sowie das Ableiten und Entwickeln von Strategien und Gestaltungsoptionen (Führungskräfteentwicklung). Die Bearbeitung von typischen Entscheidungssituationen aus der Unternehmenspraxis soll unter anderem die analytischen Fähigkeiten der Teilnehmenden, deren direkte und digitale Kommunikationsfähigkeiten, sowie deren unternehmerisches Denken und Handeln befördern.

Durchführung: Die Teilnehmenden eines Unternehmensplanspiels arbeiten in der Regel in Gruppen von 4-6 Personen zusammen und vertreten zwei bis zehn, oder mehr konkurrierende Unternehmen, die mit gleichen Startbedingungen (gleiche Betriebsgröße, Betriebs- und Finanzstruktur) vor mehr oder weniger komplizierte, sich wandelnde Umweltsituationen gestellt werden, die sich in Modellen nachbilden lassen. Zur Vorbereitung der Entscheidungen sind sorgfältige dynamische Betriebsplanungen oder bei funktionellen Unternehmensplanspielen Teilplanungen aufzustellen. In jeder Spielperiode, die ein bis zwölf Monate repräsentiert, muss eine größere Auswahl von Entscheidungen getroffen werden. Deren Auswirkungen auf die Unternehmensentwicklung und auf die Umweltsituation werden per EDV ermittelt. Auf Basis dieser Eckwerte sind dann die Entscheidungen der nächsten Periode vorzubereiten und zu treffen. Eine Spielperiode kann bis zu mehreren Stunden dauern, das ganze Unternehmensplanspiel bis zu mehreren Tagen.

Vorteil: Größere Wirklichkeitsnähe als die Fall-Methode durch die ständige dynamische Anpassung des Unternehmens an die sich wandelnde Umweltsituation.

Anwendung: Unternehmensplanspiele werden häufig in General-Management-Programmen und in der MBA-Ausbildung eingesetzt. Inzwischen besteht ein großes Spektrum von Methoden und Varianten mit verschiedenen Schwierigkeitsgraden.

Verdienstsicherungsklausel

Garantie eines Mindestverdiensts durch den Arbeitgeber bei Akkordarbeit oder bei einer umsatzabhängigen Entlohnung. Die Verdienstsicherungsklausel ist dann Bestandteil des Arbeitsvertrags.

Vorarbeiter

Formell eingesetzter Leiter/-in einer Gruppe von Arbeitern; Verbindungsperson z. B. zwischen Arbeiter und Meister, oder Polier, aber auch Techniker und Betriebsleiter. Sie planen und überwachen die Durchführung von Arbeiten einer Arbeitsgruppe und wirken auch selbst an der Auftragserfüllung mit. In kleinen Gruppen übernimmt der Vorarbeiter gelegentlich die Meisterfunktion und ist dann direkt dem Betriebsleiter oder Bauingenieur unterstellt.

Vergütung: Vorarbeiter erhalten meist eine Funktionszulage zum Stundenlohn oder Wochenlohn.

Vorstellungsgespräch

Persönliches Gespräch im Rahmen von Recruitingprozessen zwischen Personalentscheidern und Bewerbern. Es ist ein bedeutsamer Prozessschritt innerhalb von Personalauswahlverfahren. Meist haben die Bewerber bereits zuvor erste Angaben zu ihrer Person und zusätzliche Bewerbungsunterlagen postalisch oder über ein Online-Karriereportal dem Unternehmen zugeleitet, gegebenenfalls ein erstes Telefoninterview erfolgreich absolviert, oder etwa einen onlinegestützten Test bestanden. Im Vorstellungsgespräch stehen die fachlichen Qualifikationen und der persönliche Eindruck über den Bewerber im Vordergrund. Die dem Unternehmen zugeleiteten Informationen werden im Gespräch erörtert. Vor allem aber geht es darum, festzustellen, inwieweit der Bewerber zum Unternehmen und in das bestehende Team passt, sowohl hinsichtlich der persönlichen und fachlichen Anforderungen. Vorstellungsgespräche folgen häufig einem bestimmten Muster – üblich sind etwa Fragen nach Motivation, Werdegang und persönlichen Stärken oder Schwächen. Das Vorstellungsgespräch ist Teil der Vorverhandlungen hinsichtlich der Einstellung eines neuen Mitarbeitenden.

Vorstellungskosten

Die dem zur persönlichen Vorstellung aufgeforderten Bewerber entstehenden Kosten. Berechtigte, tatsächlich verursachte Aufwendungen, insbesondere Reisekosten und die für Übernachtung und Verpflegung entstandenen Auslagen sind dem Bewerber entsprechend § 670 BGB zu ersetzen, soweit die Übernahme nicht bei Aufforderung zur Vorstellung ausdrücklich durch den potentiellen Arbeitgeber ausgeschlossen wurde.

Weg-Ziel-Ansatz der Führung

Speziell auf die Führungssituation angewandte Formulierung der Erwartungswert-Theorie. Dieser Ansatz der Führungslehre stellt einen Zusammenhang her zwischen der Persönlichkeit des Geführten, der Aufgabenstruktur, Merkmalen der Umwelt und dem Führungsverhalten.

Der Weg-Ziel-Ansatz integriert des Weiteren die Vorstellung, dass sich erfolgreiche Führung sowohl in den Leistungsergebnissen, als auch in der Zufriedenheit der Geführten niederschlägt. Darüber hinaus fließen zentralen Annahmen aus der Wert-Erwartungstheorie als mediierende Variablen mit ein. Hiernach entscheiden sich Menschen unter ihren Handlungsmöglichkeiten für die Alternative, von der sie sich den größten persönlichen Nutzen versprechen. Um nun das Nutzenkalkül und Leistungsverhalten der Mitarbeiter im Sinne des Unternehmens zu beeinflussen, kann an drei Faktoren angeknüpft werden: an der Valenz, also an der Bewertung der Ergebnisse, die über Arbeitsaktivitäten erreicht werden können, an der Instrumentalität, also an der Wahrscheinlichkeit, dass Leistungsverhalten zu Belohnungen führt und an der Erfolgserwartung, also der Überzeugung der Mitarbeiter, dass Anstrengung zu Leistung führt.

Zu erreichen ist dies über die strukturelle Gestaltung der Arbeitsverhältnisse und über das Verhalten der Führungskräfte. Unter Beachtung dieser Rahmenbedingungen wählt die Führungskraft den angemessenen Führungsstil aus:

(1) *Direktiver Führungsstil* bei unstrukturierten Aufgaben und Mitarbeitern mit stark autoritärem Charakter.

(2) *Unterstützender Führungsstil* bei stark strukturierten und einfachsten Aufgaben, da lediglich aus der sozialen Situation Befriedigung gezogen werden kann.

(3) *Leistungsorientierter Führungsstil* bei unstrukturierten oder einmaligen Aufgaben und bei Mitarbeitern, die hoch leistungsmotiviert sind.

(4) *Partizipativer Führungsstil* vermittelt bei unstrukturierten Aufgaben Kenntnisse über Zusammenhänge.

Werkerholungsheime

Von Unternehmen, Unternehmensgemeinschaften oder Verbänden bzw. ihren Sozialwerken gekaufte oder gepachtete Heime in Luftkur- oder Badeorten, die Belegschaftsmitglieder (auch nach Eintritt in den Ruhestand) zur Erholung nutzen können, gegebenenfalls unter Übernahme von Fahrtkosten und Teilen der Unterbringungskosten.

Auswahl der Erholungsbedürftigen unter Hinzuziehen des Werkarztes und Einbinden des Betriebsrates, der gemäß Betriebsverfassungsgesetz § 87 I Nr. 8 BetrVG über Form, Ausgestaltung und Verwaltung von Sozialeinrichtungen mitbestimmt. In Österreich bei größeren und verstaatlichten Unternehmen üblich als Bestandteil der sozialen Fürsorge.

Werksarzt

Ein in den Diensten eines Unternehmens stehender approbierter Arzt, der haupt- oder nebenberuflich die gesundheitliche Betreuung der Belegschaftsmitglieder übernimmt, besonders auf dem Gebiet der Werkshygiene, des Untersuchungs- und Beratungsdienstes und der ersten Hilfe bei Unfällen und Berufserkrankungen. Zusammenarbeit mit staatlichen Gewerbeärzten, behandelndem Arzt, Durchgangs-, Vertrauens- und Amtsärzten, Krankenanstalten, Berufsgenossenschaften, Krankenkassen unter anderem, im Wesentlichen nur beratend.

Werkschutz

Vom Arbeitgeber beauftragte Arbeitnehmer oder Dritte, die das Hausrecht für ihn ausüben. Zentrale Aufgaben des Werkschutzes sind die Wahrung von Sicherheit und Ordnung im Betrieb und der Schutz des Eigentums des Betriebsinhabers. Hierzu gehört vor allem das Durchführen von Torkontrollen an den Werkstoren, um Unbefugte vom Werksgelände fernzuhalten und um strafbare Handlungen, wie etwa Diebstähle, Vandalismus, Sabotage, Spionage zu verhindern. Daneben werden obliegt dem Werkschutz häufig die Überwachung des Fahrzeugverkehrs auf dem Firmengelände, die Mithilfe beim präventiven und abwehrenden Brand- und Katastrophenschutz und die Unterstützung der Arbeitssicherheit. Als interner Werkschutz- Mitarbeiter ist keine gesetzliche Mindestqualifikation erforderlich, wird hingegen der Werkschutz an einen externen Sicherheitsdienstleister vergeben, so müssen dessen Mitarbeiter eine Unterrichtung nach § 34 a Gewerbeordnung (GewO) nachweisen können. Die mit dem Werkschutz beauftragten Personen sind berechtigt, auch Gewalt im Rahmen der allgemein geltenden Gesetze anzuwenden, z. B. im Fall der Notwehr nach § 227 BGB, oder im Fall des Notstandes § 228 BGB. Ob der Werkschutz Waffen tragen darf, richtet sich nach den allgemein geltenden Vorschriften (Waffenschein). Gemäß § 127 StPO darf vom Werkschutz, wie von jedermann, eine vorläufige Festnahme auch ohne Vorliegen eines Haftbefehls vorgenommen werden, wenn jemand auf frischer Tat erfasst wird und Fluchtgefahr besteht.

Werkstudent

Personen, die als ordentlich Studierende an einer Universität, Hochschule oder in einer staatlich anerkannten Fachschule eingeschrieben (immatrikuliert) sind und daneben einer mehr als geringfügigen Beschäftigung oder selbstständigen Tätigkeit nachgehen. Werkstudenten sind versicherungspflichtig in der Rentenversicherung nach den allgemeinen Regeln. In der gesetzlichen Kranken- und Pflegeversicherung und in der Arbeitslosenversicherung sind Werkstudenten versicherungsfrei (§ 6 I Nr. 3 SGB V,

§ 27 IV SGB III). Voraussetzung ist, dass der Werkstudent tatsächlich seinen Schwerpunkt auf das Studium legt und nur nebenher arbeitet. Deshalb ist die Anzahl der Wochenstunden für Werkstudenten in der Regel auf 20 Stunden pro Woche begrenzt; Ausnahmen gelten für Arbeiten in der vorlesungsfreien Zeit, den sogenannten Semesterferien.

Werkszeitschrift

Werkszeitung/Mitarbeiterzeitung; periodisch erscheinende Druckschrift eines Unternehmens bzw. deren Online-Version, vor allem für dessen Mitarbeiter.

Wesentliches Mittel der Information und Meinungsbildung der Belegschaft, der innerbetrieblichen Werbung und der Kontaktpflege zwischen Unternehmungsleitung und Belegschaft (Harmonisierung des Betriebsklimas). Die meisten großen deutschen Unternehmen geben heute gedruckte und digitale Werks-/Mitarbeiterzeitschriften heraus.

Inhalt: Die Zeitschrift soll vor allem das Interesse der aktiven Betriebsmitglieder an ihrem Betrieb wecken und fördern, sie über Vorgänge im Betrieb unterrichten und den Kontakt zwischen Unternehmungsleitung und Belegschaft vertiefen; ähnlich bei Mitarbeitern in Eltern- bzw. Erziehungszeit, bei beurlaubten Mitarbeitern, Mitarbeiten im Ruhestand und bei Pensionären des öffentlichen Dienstes. Die Zeitschrift muss in ihrem Inhalt auf innerbetriebliche Belange abgestellt werden und dem Betriebsangehörigen Gelegenheit geben, zu diesen Problemen auch kritisch Stellung zu nehmen. In der Regel wird auch dem Betriebs-/Personalrat Gelegenheit zur Information gegeben.

Die Funktion der Werks-/Mitarbeiterzeitschrift sollte nicht dadurch gestört werden, dass sie inhaltlich und äußerlich als Repräsentationsorgan für die Öffentlichkeit gestaltet wird.

Wochenarbeitszeit

Die der Bemessung der Arbeitszeit von Arbeitnehmern sowie der Berechnung des Arbeitsentgelts von Arbeitnehmern im Allgemeinen zugrunde liegende Tätigkeitszeit. Nach § 3 Satz 1 des Arbeitszeitgesetzes darf die werktägliche Arbeitszeit acht Stunden nicht überschreiten; damit ist von

Montag bis Samstag wie bisher eine regelmäßige Wochenarbeitszeit von 48 Stunden zulässig. Nach § 3 Satz 2 des Arbeitszeitgesetzes darf die werktägliche Arbeitszeit auf bis zu 10 Stunden verlängert werden, wenn innerhalb von 6 Monaten oder innerhalb von 24 Wochen im Durchschnitt 8 Stunden werktäglich nicht überschritten werden; in diesen Grenzen ist also ausnahmsweise eine Wochenarbeitszeit von 60 Stunden möglich. Nach den meisten Tarifverträgen ist die durchschnittliche Wochenarbeitszeit deutlich niedriger als 48 Stunden.

Z-Organisation

Typus der Clan-Organisation im normativen Führungskonzept von Ouchi. Kennzeichnend ist unter anderem ein unternehmenskultureller Grundkonsens zwischen den Unternehmenszielen und den Individualzielen der Arbeitnehmer. Letzteren werden daher keine formalisierten Verhaltensregeln vorgegeben, vielmehr prägt ein ganzheitliches Organisationsverständnis (Organisationen als soziale Systeme bzw. Beziehungsgefüge) das Verhalten der Mitarbeiter, die je nach Erfordernis individuell Verantwortung übernehmen. Unternehmen vom Typ Z weisen Elemente der japanischen Organisationswirklichkeit auf und sind vor allem in innovativen Branchen anzutreffen.

Zahltag

1. Für *Lohn- und Gehaltsempfänger* ist der reguläre monatliche Zahltag der 1. oder der 15. Tag eines Monats oder der Monatsletzte. Der Arbeitgeber muss sicherstellen, dass die Zahlung zum (tarif-)vertraglich festgelegten Termin auf dem Lohn-/Gehaltskonto des Arbeitnehmers eingeht.

2. Für *Lohnempfänger* gegebenenfalls auch als Lohnabschlagszahlung unter anderem auf den Akkordlohn vereinbart, zur Vereinfachung der Lohnbuchhaltung. Üblich sind hier wöchentliche, zehntägige und vierzehntägige Abschlagszahlungen mit bis zu zweimonatiger Endabrechnung. Die Karenzzeit zwischen Lohnabrechnungsperiode und Zahltag gestattet es der Lohnbuchführung, beispielsweise nicht digital dokumentierte Arbeitszeiten, die sogenannten Lohnzettel, oder auch nachträgliche Korrekturmeldungen einzupflegen und abzurechnen.

Zielsetzungs- und Beratungsgespräch

Strukturiertes, regelmäßig stattfindendes Gespräch zwischen Mitarbeiter und Führungskraft. Ziel ist zum einen, ein gemeinsames Verständnis über verbindliche Arbeitsziele zu erlangen. Zum anderen können alternative Vorgehensweisen zur Zielerreichung diskutiert und etwaige Arbeitsschwerpunkte und Bearbeitungsschritte festgelegt werden. Ferner können berufliche Entwicklungsmöglichkeiten erörtert und etwaige Fördermaßnahmen vereinbart werden.

Zulage

Leistungszulage, Lohnzulage, Lohnzuschlag; Teil des vertraglich vereinbarten oder freiwilligen Arbeitsentgeltes, die dem Lohn zugeschlagen werden, um besonderen Gegebenheiten des Betriebes im Hinblick auf die Arbeitsverhältnisse und Arbeitsbedingungen gerecht zu werden.

Beispiele:

(1) Zulage aufgrund ungünstiger Arbeitsbedingungen (Erschwerniszulage),

(2) Zeitzuschläge (Mehrarbeitszuschlag),

(3) Zulage aufgrund der Lebenshaltung (z. B. Ortszuschlag),

(4) Zulage aufgrund persönlicher Verhältnisse (z. B. Sozial-, Familien- und Treuezulagen).

Hat sich der Arbeitgeber den *Widerruf einer* Zulage vorbehalten und ist die entsprechende Vertragsklausel wirksam (vgl. Allgemeine Geschäftsbedingungen im Arbeitsrecht), so kann er diese im Zweifel nur nach billigem Ermessen widerrufen. Ist ein Widerruf nicht vorbehalten, so kann der Anspruch nur durch Änderungskündigung beseitigt werden.

Printed in the United States
By Bookmasters